그리스도인의 참선

WILLIAM JOHNSTON
CHRISTIAN ZEN

© Fount Paperbacks 1990

Translated by KIM Kyu-Don
© Benedict Press, Waegwan, Korea 1996

그리스도인의 참선
1996년 6월 초판 | 2006년 8월 재쇄
옮긴이 · 김규돈 | 펴낸이 · 이형우
ⓒ 분도출판사

등록 · 1962년 5월 7일 라15호
718-806 경북 칠곡군 왜관읍 왜관리 134의 1
왜관 본사 · 전화 054-970-2400 · 팩스 054-971-0179
서울 지사 · 전화 02-2266-3605 · 팩스 02-2271-3605
www.bundobook.co.kr

ISBN 89-419-9608-2 03230
값 6,000원

윌리엄 존슨

그리스도인의 참선

김규돈 옮김

분 도 출 판 사

머리말
— 2판에 부쳐 —

이 책이 처음 나온 지 어느덧 10년이란 세월이 흘렀다. 지금 나에게 똑같은 책을 쓰라고 한다면 쓰지 못할 것 같다. 머튼(Thomas Merton)이 자기의 한 작품에 대해 질문을 받자, 이렇게 대답했다. "그 책을 쓴 사람은 죽었습니다." 마치 점점 원숙해 가는 모든 작가가 그러하듯, 사실 작가 머튼은 수십 번 죽었다 살아났다. 그런 이유로 내가 그의 말을 인용해 이렇게 말한다. 『그리스도인의 참선』을 쓴 사람은 죽었다.

이 책을 쓴 사람은 죽었지만, 실제로는 살아 있다. 그리고 내가 이 책을 대충 읽어보아도 석연치 않은 부분이 몇 군데 있긴 하지만, 대부분 내 생각이 그대로 남아 있다. 어떤 부분은 다시 적는 과정에서 삭제되었고, 어떤 부분은 의미가 깊어지고 내용도 늘어났다. 하지만 대체로 1970년 가을에 쓴 원고 그대로이다.

그 당시는 후에 서양 세계 전역을 휩쓸게 될 거대한 명상운동이 움트고 있었다. 초월 명상[1]과 요가[2]와 선[3]은 이미 인기를 얻고 있었

※ 이 책의 각주는 역자가 대폭 추가하여 재편성한 것이다.

1. 마하리쉬 마헤슈 요기가 처음 서양에 도입한 요가 명상법으로서, TM(Transcendental Meditation의 약자)으로 널리 알려져 있다.

2. "요가"라는 말은 산스크리트語 "유즈"라는 어근에서 나온 말로, "말[馬]에 멍에를 씌우다" 또는 "말을 마차에 연결하다"라는 뜻이다. 즉, 이 단어는 "결합하다", "연결하다"는 뜻으로 어떤 금욕적인 기법 및 명상하는 방법으로 통하기도 한다. 그러나 실제로 이 말이 어떻게 해서 금욕적인 기법 및 명상수련을 뜻하는 "요가"가 되었는지는 밝혀지지 않았다.

3. 선종 불교의 수행법. 이 말은 산스크리트語 "드야나"(靜慮, 요가적 명상)에서 파생된 말로서, "드야나"의 音寫인 禪那에서 那가 생략된 말이다.

5"""

다. 그리스도인들은 그리스도와 복음서에 충실하면서도 동양 영성의 풍요로움에서 도움을 얻을 수 있는지 궁금해했다. 이 질문에 나는 동양 명상의 풍요로움이 그리스도인들에게 유익할 뿐 아니라 그것이 그리스도를 중심으로 하고 있는 명상운동 — 복음서로 철저히 무장한 동시에 禪과 동양으로부터 겸손되이 배워 익힌 — 에 지도적 역할을 해야 한다고 답하고 싶었다.

나는 지금도 그렇게 생각하고 있다. 그리고 『그리스도인의 참선』 제2판에서 나는 그리스도인의 동양식 명상법에 대해 실제적 지침을 〈후기〉에다 길게 수록해 두었다. 또 〈후기〉 끝부분에 이 책이 처음 출판된 후 禪과 나와의 관계가 어떻게 전개되어 갔는지 설명했다.

만약 내가 이 책을 다시 쓰게 된다면 수정하고 싶은 곳은 오직 한 군데뿐이다. 그것은 禪과 관련된 부위가 아니고 아일랜드에 관해서이다. 나의 고국에서 벌어진 종파간의 분쟁에 대해 나는 두서없이 시시하고 경솔한 견해를 내세웠다. 독자들에게 청하건대, 이 책이 씌어질 당시만 해도 폭력 사태가 후에 우리가 본 것만큼 그리고 많은 이들에게 막대한 고통을 초래할 만큼 극렬하고 비극적인 비율로 차츰 확대되지 않았다는 점을 상기해 달라. 그때는 전반적인 상황을 두고 웃는 일이 가능했다. 그러나 지금은 농담으로 넘길 일이 아니다.

더 이상 말할 필요는 없다. 여기서는 단지 진정한 그리스도인의 명상이 분열된 사회의 상처를 치유하는 데 있어 주된 요인이라는 내 신념을 말할 따름이다. 왜냐하면 명상은 화해와 용서와 예수의 기도와 아주 밀접한 관계가 있고 우리를 하나되게 만들기 때문이다.

1979년 도쿄
소피아 대학교에서

차 례

시 작

몇 년 전, 토인비(Arnold Toynbee)는 만약 수천 년 전의 역사학자들이 지금의 역사를 쓰게 된다면, 베트남 전쟁이나 자본주의와 공산주의의 갈등, 민족간의 분쟁에 역점을 두지 않고, 아마 처음으로 그리스도교와 불교가 서로를 깊이 이해하기 시작했을 때의 상황에 정신을 쏟을 것이라고 언명했다. 대단히 흥미로운 지적이거니와, 내 생각엔 조금도 틀림이 없는 말이다. 지금 그리스도교와 불교는 서로 이해하기 시작했으며 서로 대화하고 서로에게서 배우는 중이다. 아무리 완고한 가톨릭 교회라고 하지만, 공의회 이후에 접어들면서 겸손되이 로우시(老師)의 문하생이 되어 동양의 해묵은 지혜를 들이마시면서 무언가를 얻어보려고 한다. 확실히 진보된 자세이다.

나는 이 책을 『그리스도인의 참선』(Christian Zen)이라 이름했지만, 내용은 제목이 암시하는 것만큼 그리 거창하지 않다. 오히려 동서양이 지니고 있는 거대한 두 전통의 합류를 다루고자 했고, 禪과 그리스도교가 내 안에서 어떻게 만났는지 그리고 이 만남으로 인해 실제로 어떤 결론에 도달하게 되었는지를 말하고자 노력했을 따름이다. 나는 20년이라는 세월을 일본에서 보냈는데 — 일본이라는 나라는 너무나 의미심장하고 정신적으로 풍요로운 나라여서 나에게는 마치 조국처럼 느껴질 정도임 — 좌선이든 불교도인 친구들과 대화를 통해서든, 禪과 접촉을 좀 가졌다. 이 모든 일이 놀랄 만한 향상을 보였다. 나의 신앙은 내가 말로 표현할 수 있는 것보다 더 깊어졌고 폭넓어졌다. 사실 내가 동양에 오지 않고 내 조국 아일랜드에 남아 있었더라면, 지금쯤 나는 완고하고 편협한 로마 가톨릭 신자가 되어 벨페스트의 자갈길에서 반대파 개신교도들을 향해 벽돌과 병들을 던지고 있었을 것이라고 간혹 돌이켜본다(어찌할 바를 모른 채). 그 반면 禪과 접촉한 이래로 나에게는 새로운 시각이 활짝 열렸고, 그리스도교에서는 꿈에도 생각지 못했던 가능성들이 거기에 있다는 사실을 깨치게 되었다. 내가 쓰고 싶은 바는 이것이다. 따라서 이 책은 내가 깨친 것을 담은 개인적인 책이요, 그리스도교 신앙에 위배됨이 없이 참선(參禪)하기를 원하는 사람 — 더 정확히 말하자면, 자신의 그리스도교 신앙을 심화시키고 넓혀가기 위한 방책으로서 참선을 하고자 원하는 사람 — 이 직면한 문제들을 수록한 책이다. 그리스도인이라면 누구나 할것없이 禪과 마찰을 피할 수 없다. 그 혹은 그녀는 이 명상법에 접할 때 처음에는 이것이 무신론이 아닌가 혹은 범신론이 아닌가 혹은 당신이 지칭하고 싶은 어떤 것이 아닌가 하고 생각하기 쉽다.

사람들은 내가 왜 禪에 그토록 흥미를 가지는지 자주 묻는다. 흔한 질문 같지만 이 질문에 답하기란 여간 어렵지 않다. 왜 그가 거기에 관심이 많은지 어떻게 몇 마디의 말로 설명할 수 있겠는가? 그래도 몇 가지 이유들을 제시해 볼 생각이다. 비록 그것들이 맞는지 사실을 단언하지 못하지만.

우선 첫째로, 불교 명상의 궁극 목표가 항상 나를 매료시킨다. 깊은 침묵과 무(無)와 신비에 잠긴 불상(佛像)과 보살상(菩薩像)을 아무리 바라보아도 싫증나지 않는다. 그것들을 보니 관상 체험을 묘사한 십자가의 요한 성인의 절묘한 말이 생각난다.

소리 없는 음악
소리 있는 맑은 고요
즐거웁고 황홀스런 저녁 잔치[1]

그리고 보살상의 입가에는 부드러운 자비의 미소가 흐른다. 이 모든 것이 아름답다. 최고의 지혜가 데카르트 학파의 명료하고 뚜렷한 관념에서 발견되지 않고, 모든 사상과 모든 형상과 모든 관념과 모든 추리를 초월한 평화로운 침묵 안에서 또 욕구와 욕망의 전적인 소멸 안에서 발견된다는 것을 위대한 불교의 직관은 천명하고 있다. 이 지혜가 불상의 자애로운 침묵 속에 번뜩이고, 이 침묵은 아시아의 각 도처로 울려퍼진다.

앞서 말했듯이 이 모든 것이 나를 매료시킨다. 그런 까닭에 나의 한 학생이 가마쿠라(鎌倉)에 있는 웅대한 절인 엔가쿠지(圓覺寺)에 함께 가자고 제안했을 때, 나는 좌선(坐禪)할 기회가 생겼다는 생각에 선뜻 응했다. 그 당시 가톨릭 사제가 선방(禪房)에서 좌선한다는 것은 그리스도인들에게는 물론 비(非)그리스도인들에게도 좀 이상하게 비쳤다. 무엇인가 뒤범벅이 된 것처럼 보였다. 일본의 그리스도인들도 그런 현상을 아주 만족해하는 한편 당황해했다. 다른 한편, 이 무렵 제2차 바티칸 공의회 쪽으로 관심이 쏠렸고, 이때 그리스도교 외에 다른 종교에도 참된 가치가 있다는 것을 인식하고 장려해야 한다는 목소리가 점차 커 갔다. 게다가 그리스도교가 아시아 지역에서 실패한 원인이 한심하게도 그 나라의 문화와 종교에서 배우기를 한사코 거부했기 때문이라는 사실이 명백해졌다. 禪과 같은 것들을 무시하거나 적대시한 채, 아시아에서 그리스도교가 뿌리내릴 희망은 거의 없어 보였다. 이런 분위기 속에서 이교(異敎)의 사제가 선방에서 명상을 했던 것이다. 가톨릭은 술렁거렸다.

나는 일요일 오후가 되면 엔가쿠지에 가서 여러 시간을 보냈다. 젊은 스님은 나에게 자그마한 방 하나를 주선해 주었고 앉는 법에 대해 친절하게 가르쳐 주었다.

---

1. 최민순 옮김 『영혼의 노래』 13-14.

나는 그에게 완전히 매료당했다. 오키나와(仲繩) 출신인 그는 건장한 체구에 맨발이었으며 전통 의상인 하카마를 입고 있었다. 좌선중에 그는 여기저기 선방을 조용히 오가며 경책[2]으로 내리치거나 할[3]을 퍼부을 준비가 되어 있었다. 하지만 명상이 끝나고 녹차를 마실 때면, 그의 얼굴은 보살[4]의 부드러움과 자애로움으로 빛났다.

어느 날 그는 나를 살그머니 불렀다. "와주셔서 정말 고맙습니다"라고 그는 말했다. "이제는 제가 수도원에 가보고 싶습니다."

나는 그의 말을 듣고 허를 찔린 기분이었다. 나는 그의 가르침을 자신있게 소개할 만한 수도원이 도쿄에 하나도 없음을 통감했다. 관상 수도원은 많지만(다른 나라에 비해 실은 일본에 더 많음), 우리의 수도원들은 너무나 서양식이고, 어쩌면 그렇게도 관공서와 흡사한지 — 아무래도 거기서만큼은 그도 신발을 신어야 될 것 같다. 이 일을 계기로 나는 그리스도교의 명상이 얼마나 절실히 쇄신될 필요성이 있는지 그리고 불교에서 얼마나 많은 것들을 배워야 하는지를 깨닫게 되었다.

명상으로 되돌아가, 나는 즉시 소그룹에 합류하여 반가부좌[5]를 취하고 면벽(面壁) 명상에 잠겼다. 이러한 명상법은 내게 전혀 새로운 것은 아니었다. 십자가의 요한은 오래 전부터 나의 구루[6]였고, 그

---

2. 警策: 졸음을 경계하는 도구로서 길이가 1미터쯤 되는 막대기다. 손잡이는 쥐기 좋도록 둥글게 되어 있고 끝으로 갈수록 조금 넓고 조금 얇게 깎여 있다. 이것으로 어깨를 쳐주면 졸음이 달아나고, 어깨가 응결되는 것을 막을 수 있다.

3. 喝: 짧게 소리를 질러서 꾸짖는 것을 말한다. 이것도 졸음을 쫓는 방편인데 육체의 졸음만이 아니라 내면의 잠을 일깨우는 방편으로 사용되어 왔다.

4. 菩薩이란 산스크리트語 "보디사트바"의 音寫인 菩提薩埵의 약어로, "보디"(깨달음, 정각)와 "사트바"(본질)의 합성어이다. 즉, "깨달음을 그의 본질로 하는 사람" 혹은 "본질을 깨닫고자 하는 사람"이라는 뜻을 가진다. 하지만 "사트바"는 다의적으로 쓰이는 단어이기 때문에 보살이라는 말도 다의적으로 쓰이고 있다.

5. 半跏趺坐(half-lotus position): 왼쪽 발을 오른쪽 허벅지에 깊숙히 올려놓는 자세. 자세한 내용은 부록에 있음.

6. 본래 "구루"란 영혼의 스승, 어둠을 없애는 자를 의미한다. 산스크리트어에서 "구"는 어둠을, "루"는 없애는 것을 뜻한다.

당시 나는 『무지의 구름』(*The Cloud of Unknowing*)을 읽고 있었는데 후에 나는 여기에 관한 다소 학문적인 책을 썼다. 그것은 내게 일종의 고요한 명상, 禪과 흡사한 상상이 배제된 명상을 가르쳐 주었다. 『무지의 구름』의 익명의 저자는 책 첫머리에서 제자들에게 준엄하게 말한다. "너희가 참 자신이 되고자 한다면 … 악한 생각은 물론 선한 생각마저 버려라." 저자의 말은 내적 에너지가 — 그는 이를 "맹목적인 사랑의 설레임"이라고 아름답게 부름 — 존재의 깊이에서 약동하기 위해서는 온갖 산만한 생각을 끊어버려야 한다는 것이다. 그의 가르침은 스페인의 신비가가 말한 "사랑의 산 불꽃"에 길을 비켜주기 위해서 사고의 흐름을 끊어 버리라고 권고한 점에서 십자가의 요한의 주장과 흡사하다.

상상이 배제된 기도는 명상을 추구하는 그리스도인에게 생소한 용어가 아니므로 이에 대해 길게 설명하지 않겠다. 언젠가 일본 남부에서 수녀들의 피정을 지도할 때, 나는 禪 명상처럼 몇 시간을 아무 말 없이 벽을 바라보고 있자고 제안했다. 이를 행하고 나서, 꽤 많은 수녀들이 "저는 언제나 이런 식으로 명상하고 있답니다"고 말했다.

내가 처음 가마쿠라에 갔을 때도 똑같았다. 내적인 성향에 관한 한 변한 것이 하나도 없었지만, 나는 크게 도움을 받았다는 것을 알았다. 이를테면, 내가 처음으로 시도했던 반가부좌 덕택에 깊이 몰두할 수 있었던 것이다. 처음에는 참을 수 없을 정도로 고통스러웠지만(나는 원인 모를 두통에 시달려 왔기 때문), 이후에 이 방법이야말로 참으로 명상기도에 이상적인 자세라는 사실을 깨닫기 시작했다 — 『무지의 구름』의 저자가 "악한 생각은 물론 선한 생각마저 버려라" 하고 충고한 바를 실천에 옮기는 데에 최적의 자세. 사실 이 가부좌는 산만한 추론과 생각을 차단한다. 그것은 마음의 표면을 가로질러 흐르는 의식의 흐름을 통제한다. 그것은 바로 사고의 과정에서 인간을 이탈시킨다. 아마도 철학하기에는 가장 나쁜 자세가 되겠지만, 사념을 끊고 고요한 명상 속에서 밑으로 밑으로 존재의 중심으로 내려가기 위해서는 가장 좋은 자세이다. 한시도 가만히 있지 못하는 신경이 이른바 명상시간에 이 방 저 방 다니게 나를 종용하므로, 이 자세는 나를 가만히 있게 하는 데 큰 도움이 되었다. 이제야 나는 고요한 합일 안에서 이 세상에 뿌리를 내린 자신을 발견했다.

가마쿠라에서 체험은 나의 일상적 명상에 보탬이 되었는데, 나는 계속해서 일종의 禪의 좌법인 반가부좌를 취했다. 나는 도무지 결가부좌[7]를 감당해 낼 수 없었다. 슬프도다, 서양인의 다리 때문이란다. 혹자는 내가 행한 것이 禪이 아닐 것이라고 하기에 이 말을 꺼내는 것인데, 아무튼 그것이 禪을 흉내낸 것에 지나지 않는다 해도 상관없다. 이미 말한 대로 그것은 내가 禪에 대해 알기 전부터 계속해 왔던 방식의 연장이었고 동시에 놀랄 만큼 무르익어 갔다.

얼마 후 나는 바다가 바라보이는 작은 절에서 — 일종의 피정이라고 말할 수 있는 — "셋신"[8]에 처음으로 참여했다. 비록 모든 것이 지극히 가혹했고 엄격했지만, 잊을 수 없는 경험이 되었다. 아마도 나는 마음 준비가 덜 된 것 같았다. 우리는 새벽 3시면 기상하여, 40분씩 열 차례에 걸쳐 좌선(坐禪)을 했고, 저녁 9시에 일과를 종료했다. 식사마저 선방에서 다리를 틀고 앉아 했다. 독경(讀經) 시간 동안 예수회원인 동료와 나는 미사를 봉헌해도 좋다는 허락을 받고, 우리는 다다미를 깐 작은 방에서 미사를 드렸다. 아침마다 선

---

7. 結跏趺坐(lotus position): 먼저 왼쪽다리를 오른쪽 허벅지 위에 깊숙히 끌어올려 놓은 다음에 오른쪽다리를 왼쪽 허벅지 위에 깊숙히 끌어올려 놓는 자세이다. 자세한 내용은 부록에 있음.

8. せっしん(接心): 다른 말로 攝心이라고도 하며, 선방에 사는 사람들이 일상의 모든 것을 떠나 보통 일주일 동안 좌선에만 전념하는 기간을 말한다. 가톨릭의 避靜을 연상케 하는 일정 기간의 집중적인 참선 수련 기간이다.

사의 "테이쇼"(てぃしょう, 提唱)라는 설법(說法)이 주어졌는데, 그는 불교 철학의 몇 가지 원칙들을 명확하고 상세히 설명했을 뿐만 아니라 참선에 대한 암시도 덧붙였다. 어떤 설법에서 그는 禪은 도처에 있으며, 모든 참된 종교 — 힌두교·이슬람교·그리스도교 등 — 안에서 발견된다고 말했다. 그러한 禪을 그는 "게도우 젠"(げどう ぜん, 外道禪)이라고 불렀다. "게"는 밖이라는 뜻이고 "도우"는 길이라는 뜻이며 따라서 "게도우 젠"은 정통이 아닌 禪 혹은 타종교의 禪이다. 진짜 禪은 소승불교[9]도 아니요 대승불교[10]도 아니라고 그는 말을 이었다 — 그것은 바로 모든 범주와 소속에서 분리된 禪을 말한다. 나는 모든 종교에 禪이 있다고 인정한 그의 말을 관심있게 들었고, 내가 행하는 것도 결국 禪이라고 불러도 된다고 생각하게 되었다.

다른 설법에서 선사는 "도쿠산"[11]에 관해서 이야기했다. 이것은 대체로 禪의 실제적인 적용에 대한 간결한 문답이라고 설명했다. "나는 여러분의 재정 문제에 대해 듣고 싶지 않아요", "그리고 가정 문제도 듣고 싶지 않아요. 이러한 것들을 말한다면 여러분의 말을 듣지 않겠소. 내가 알고 싶은 것은 여러분이 좌선하면서 무엇을 했는가 뿐이오"라고 그는 말했다. 짤막한 이 말에 나는 아주 감동했는데, 그의 말은 그리스도교 지도자들에게 생각할 거리를 제시하는 말이라고 느꼈다. 사제가 되기 위해 공부하던 신학생 시절, 나는 자

---

9. 小乘佛敎(히나야나): 乘은 수레를 뜻한다. 소승은 작은 수레를 뜻한다. 자신의 해탈을 우선으로 삼는 경우를 소승이라고 한다. 소승법을 말한 대표적인 경전은 「법화경」·「아함경」·「구사론」·「성실론」·「사분계본」 등이다. 소승불교는 스리랑카, 미얀마, 태국, 캄보디아 등 동남아 일대에 퍼져 있어 남방불교라고 한다.

10. 大乘佛敎(마하야나): 큰 수레를 뜻한다. 이웃과 함께 苦海를 건너는 것을 지향하는 쪽이 대승이다. 대승불교는 「반야경」·「해심밀경」·「능가경」·「기신론」·「범망경」 등이 있다. 대승불교는 인도의 북부, 중국, 한국, 일본 등 북쪽에 퍼져 있기 때문에 북방불교라고 한다.

11. どくさん(獨參): "擦處"라고도 함. 일종의 영적 지도.

주 영적 지도자들을 찾았으며 선사의 그것과는 정반대의 입장을 그
들에게서 발견하곤 했다. 그들은 적응력에 대한 실제적인 문제에만
관심이 있었고, 대체로 그들은 훌륭한 상담자들이었다. 그러나 "묵
상(默想) 시간에 무엇을 했나요?"와 같은 중요한 문제를 회피했다.
아마 거룩한 것에 대해 언급하는 일이 껄끄러웠는지도 모른다. 하
여간 인간 마음의 움직임에 대해 잘 알고 있는 선사에게 우리가 많
은 점들을 배울 수 있다는 것은 사실이다. 그런 까닭에 그들은 사람
들을 "사토리"[12]로 인도할 수 있다.

어쨌든 나는 웅크리고 앉아서 차례를 기다렸고, 내 차례가 되자
나는 징을 치고 독참을 위해 들어갔다. 선사는 조금 높은 단(壇) 위
에 앉아 있었고, 좀 떨어진 아래쪽에 내가 앉아야 할 자리가 있었
다. 나는 그가 왜 멀리 떨어져 앉아 있는지 이상하게 여겼는데, 나
중에 그 절에 대해 잘 알고 있는 한 일본인에게 그 이유를 물었다.
속삭이듯 그는 말했다. "제가 그 이유를 말하지요. 선사는 사케를
마셨기 때문에 당신이 냄새를 맡지 못하게 멀리 떨어져 앉았던 겁
니다." 이 말에 깜짝 놀라는 나를 보자 그는 화급히 말했다. "그분
이 과음했다는 말은 아닙니다. 그분은 취하지 않았습니다. 조금만
마셨을 뿐이랍니다. 그리고 그분은 사람들이 이 사실을 모르길 바
라지요."

나는 곰곰히 생각해 보았다. 결국 선사도 아일랜드의 가톨릭 사
제들처럼 인간이요 좋은 사람이다. 기억을 더듬어 보면, 선사와 나
눈 대화는 대략 다음과 같다.

---

12. "さとり"(悟り, 覺り)는 "三菩提"에 해당하는 단어이다. 삼보리란 부처님의 진정한
    깨달음을 지칭하는 말인데, 직역하면 "그 위 없는 바른 깨달음"이다. 삼보리라는
    말은 산스크리트어의 "아누웃따라삼먁삼보디"를 한자로 음사한 阿耨多羅 三藐
    三菩提의 약어이다. 한문 의역으로는 無上正通知, 無上正眞道, 無上正等覺 등으로
    쓰는데, 흔히 等正覺, 正覺이라고 한다. 여기서 さとり = 三菩提 = 等正覺이라는
    등식이 성립하게 된다. 그런데 선불교에서는 그냥 "깨달음"이라고 말할 때에도 삼
    보리 혹은 등정각을 의미한다.

"잘 되어 가고 있습니까?"

"다리가 너무 아파서 도무지 견디지 못할 지경입니다."

"다리를 쭉 펴도록 하세요! 쭉 펴세요! 선방에 있는 젊은이에게 미리 일러두겠습니다. 너무 괴로운 일이 생기게 되면 도중에 포기할 마음이 들게 됩니다. 나는 당신이 그만두길 바라지 않아요. 당신이 계속 수행하길 바랍니다. 지나치게 열심히 할 생각은 마세요. 그건 그렇고, 당신이 행하고 있는 禪에 대해서 말해주겠습니까? 어떻게 하고 있습니까?"

"제 생각엔, 당신이 말한 '게도우 젠'(外道禪)을 하고 있습니다."

"아주 좋아요! 많은 그리스도인들이 그렇게 하지요. 하지만 당신이 말하는 '게도우 젠'이란 정확히 말해 무엇이죠?"

"아무런 말이나 생각 없이, 아무것도 상상하지 않고 궁리하지도 않은 채, 하느님의 현존 안에 고요히 앉아 있는다는 뜻이지요."

"당신의 하느님은 어느 곳이든지 계십니까?"

"그렇습니다."

"그러면 당신은 하느님께 둘러싸여 있습니까?"

"맞습니다."

"당신이 이를 체험하셨나요?"

"그렇습니다."

"아주 좋습니다! 아주 좋아요! 그런 식으로 계속하십시오. 계속하기만 하면 됩니다. 그러면 마침내 하느님은 사라지고 단지 존슨씨만 남아 있다는 것을 발견하게 될 것입니다."

이 말은 내게 충격적이었다. 이 말은 곧 모든 것을 부정하라는 소리처럼 들렸다. 내가 생각했던 거룩함에 대해 또 내가 禪이라고 이름한 것의 한가운데 두었던 모든 것을 부정하라는 말이 아닌가. 선사의 말을 반박해서는 안되는 줄 알지만 나는 그렇게 했다. 나는 『무지의 구름』의 가르침을 떠올리면서, 거기에 등장하는 자기가 온전히 사라지고 오직 하느님만이 남아 있는 신비로운 순간들을 회상하며 미소를 지었다. "하느님께서는 사라지지 않을 겁니다. 존슨은 사라지겠지만, 하느님만이 남을 것입니다."

"그럼요, 그렇지요." 그는 빙그레 웃으며 말했다. "그 말이 그 말이지요. 내가 한 말과 똑같은 말입니다."

그런데도 내가 앞서 언급했다시피 하느님을 부인하듯 말한 그의 냉소적인 말투는 내게 커다란 충격이었다. 하지만 얼마 후에 모든 문제를 묵상하면서 그리고 내 동료와 함께 토론하면서, 그의 말은 결코 하느님의 존재를 부인한 말이 아니었다는 결론을 얻게 되었다. 그 말은 이원론(二元論)의 부정이었고, 전통적인 서양식과는 다른 방법으로 하느님께 다가가라는 뜻이 숨겨져 있었다. 이제 내가 주장하건대, 이 대화방식이 하느님의 개념에 빛을 던져줄 뿐만 아니라, 서양의 그리스도인을 정화시키고 그들의 생각을 명료화하도록 돕는 길이다. 하지만 이러한 깨침은 선사의 말씀이 내게 충격을 던지고 난 이후에 찾아왔다.

*

이 모든 일이 몇 년 전에 일어났다. 현재는 禪을 신뢰하는 분위기가 그리스도교 안에 더욱 확산되어 있다. 지금은 도쿄 근교에 매달 접심(接心)을 위한 그리스도인 선방이 설립되어 있을 정도다. 도쿄 중심가 — 과연 시끄럽고 더러우며 매연이 자욱하고 지저분한 도쿄 — 에도 그리스도인들과 일반 사람들이 좌선할 수 있는 조용한 장소가 있다. 이러한 젊은이들이 한데 어울려 좌선하는 모습을 보노라면, 그들에게 禪을 안내하고 가르치고 싶은 생각은 전혀 들지 않는다. 다만 그들과 함께 지내고 그들에게서 배우고 싶을 따름이다. 한때 나는 일본의 그리스도인들에게 그들이야말로 그리스도교를 발전시키는 데 있어, 중요한 몫을 쥐고 있는 장본인이라고 말한 적이 있거니와 — 나는 그것이 사실이라고 생각한다. 그들의 소명은 교회 안에서 명상을 쇄신시키는 것이며, 그것을 서양에 보급하는 것이다. 동시에 그들은 겸손하고 감사하는 마음으로 불교에 진 빚을 깨달아야 하며, 나 역시 한결같이 친절하고 공손하게 대해준 나의 동료와 선사께 감사를 표해야 마땅하다.

그리스도교의 명상 쇄신! 결국 거의 전반적인 분야에 걸쳐 쇄신을 기약해야 할 것이다. 오르간은 기타로 대체되어야 할 것이고, 로만 칼라는 넥타이로, 수녀들의 치마는 맥시에서 미니 스커트나 미디 스커트로, 성서에 관한 연구와 신학은 비약적으로 발전해야 할 것이다. 하지만 종교가 그 중심부에서, 즉 신비적 차원에서 쇄신되지 않는다면, 이러한 진보는 단지 폐물 — 이런 표현을 써서 미안하지만 — 이 되고 말 것이다. 쇄신 작업이 오랫동안 지연되어 왔기 때문에, 사람들은 과거의 기도방식에 불만을 품고, 과거 한때 성황을 누렸던 신심운동에 염증을 느끼며, 현대인의 갈망을 채워줄 어떤 것을 찾고 있다.

따라서 여기에 동양인의 소명이 있다는 말은 지당하지 않은가?

대 화

이 시대의 가장 아름다운 일 가운데 하나는 — 물론 세상에는 추한 일도 수없이 많지만 — 우리가 서로 대화를 나누는 일이리라. 서서히 우리는 대화의 기법에 정통해 가고 있다. 게다가 세상의 종교들은 수세기 동안 라이벌 의식을 가지고 분쟁을 일으킨 연후에 점점 손에서 피를 닦아내고, 무기를 평화의 도구로 바꾸면서, 평화의 입맞춤을 나누고 있는 중이다. 실로 흥미롭고 재미난 시대이다.

나의 고향 아일랜드는 결코 종교적으로 관대한 나라가 아닌지라, 타종교와의 대화는 언제나 나에게 가장 거룩한 의무처럼 느껴졌다. 어쨌든 나는 기꺼이 마음을 바꾸어야 한다. 그때문에 나는 일본의 여러 지역에서 일어난 그리스도인들과 불교도들의 대화에 참여하는 일을 기쁘게 여겨왔다. 대부분 이런 모임들은 비공식적으로 이루어졌고(다시 말해 참석자들은 종교계 장상들간의 공식적인 협약에 의해 모인 사람들이 아님), 화합과 우정 안에서 거행되었다. 우리는 어느 누구도 진리의 전체를 소유하지 않았다는 생각을 가지고 — 물론 상대방을 개종시키려 들지 않고 — 평등한 조건에서 만났다. 우리 가톨릭 신자들에게 바티칸 공의회는 참신한 소식을 가져다주었으니, 그 결과 우리는 순례자인 교회의 구성원이요 구도자로서, 불교도이든 힌두교도이든 회교도이든 혹은 여타의 종교인이든 다른 구도자들과 진리에 대한 공동 탐구를 위해 손을 맞잡게 되었다. 물론 나는 그리스도를 믿고, 우리에게 있어 그리스도 밖에 그 누구도 결코 하느님의 말씀은 아니다. 그러나 우리가 그리스도의 계시를 전부 다 이해한다고 주장할 수는 없다. 어쩌면 우리는 아직도 시작 단계에 있는지 모른다. 더욱이 나는 하느님께서 각 시대마다 다양한 방법으로 예언자들을 통해 우리의 선조들에게 말씀하셨다고 생각한다. 그들 가운데에는 「기타」[1]와 「법화경」[2]과 「도덕경」을 통해 당신의 뜻을 아름답게 선포한 예언자들도 있다.

그리스도인들에게는 당신의 아들이라는 정수(精髓)를 주셨지만, 불교도와 힌두교도들에게는 겨우 예언자라는 빵부스러기를 주셨을 뿐이라는 말이 대단히 거만하게 들릴 수도 있음에도 불구하고, 적어도 내가 만났고 알고 있는 불교도들은 이 말을 나쁘게 받아들이지 않았다. 그들은 아무런 가식이 없고 또 희석되지 않은 우리의 생각을 알고 싶어했고, 우리 역시 그들의 생각이 궁금했다. 그들이 불성[3]을 지니고 있다는 말에 특별히 동요할 그리스도인은 아무도 없을 것이다. 그렇다 해도, 사실 우리는 완고함과 편협함에서 이제 겨우 한 걸음 내디뎠을 뿐, 아직도 모든 이의 행복을 위한 정칙(定則)을 발견하지 못했다. 어쩌면 끝내 발견하지 못할 수도 있다.

禪과 나누는 대화는 여러 모로 퀘이커 교도[4]의 창의성과 진취적인 정신에 신세를 지고 있다. 그들에게 우리 모두는 끝없이 감사드려야 한다. 무엇보다도 퀘이커교식 명상이 禪과 아주 흡사하다는 점

---

1. 「바가바드 기타」를 말한다. "거룩한 신의 노래"라는 뜻. 고대 인도의 서사시로 손꼽히는 「마하바라타」의 일절. 전쟁에 의혹을 품고 있는 아르쥬나와 그의 마부이면서 의형으로 비쉬누가 육화한 神 크리슈나가 그를 격려하는 것을 주제로 하는 친족간의 결전 이야기이다. 여기서 크리슈나는 아르쥬나에게 요가를 가르친다.

2. 「法華經」: 밝은 것이나 어두운 것, 거짓이나 참, 긴 것이나 짧은 것, 많은 것이나 적은 것 등이 다르지도 같지도 않아서 온갖 것이 서로 걸림이 없고 모든 생물과 무생물이 본래 다 佛性을 지니고 있다는 도리를 밝힌 교리의 기초를 이루는 大乘經에 속하는 경전이다. 이 경전은 다른 경전보다 널리 유포되고 신봉되는데, 경전으로서 종교적으로 풍부한 내용과 함께 대중의 성불의 길이 결코 멀리 떨어져 존재하지 않고, 언제나 가까이에서 수행할 수 있다는 내용이 있기 때문이다.

3. 佛性: 우주 만물은 아무리 미소한 생명체라 하더라도 자비로운 부처의 성품을 간직하고 있기 때문에 부처가 될 가능성을 갖추고 있다. 여기에 대한 이론은 「華嚴經」과 「法華經」에 토대를 두고 있다.

— 뚜렷한 차이점이 있긴 하지만 — 이 초교파적인 관심사를 촉구하는 데 도움이 되었다. 첫 회담이 도쿄 근교 오오이소(大磯)에서 열렸는데, 참석자들은 그들을 한데 묶어줄 고리를 찾으면서, 각자의 종교 체험에 대해 허심탄회한 대화를 나누었다. 크나큰 사랑의 정신으로 회담이 진행되던 중, 불교도의 내적 생활과 그리스도교인의 내적 생활에는 공통점이 많다는 사실이 밝혀졌다. 그들은 존재의 가장 깊은 핵심, 즉 엘리엇[5]이 "변화하는 세상의 정적의 지점"이라고 이름한 정신생활의 차원에서 서로 하나가 될 수 있었던 것이다. 하지만 참가자 모두가 동의할 만한 신학적 언급이나 철학적 언급은 한 마디도 없었다.

예정대로 교토(京都)에서 다음 회합이 열렸을 때, 우리는 종교 체험의 주관적인 영역에서 탈피해 객관적인 측면에 주목한 듯했다. 아마 토론 전체가 궁극적인 실체의 문제를 둘러싸고 진행된 것 같은데 — 우리 그리스도인들은 "저쪽에 계신" 인간의 모습을 닮은 존재를 믿는 것이 아니라, 오직 존재의 최고 근원 안에서 우리가 살고, 움직이고, 존재한다는 점을 지적하면서, 우리가 의미하는 "하느님"이 무엇인지를 설명했다. 한편 불교도들은 무(無), 공(空), 허(虛) 등에 관해 설명했다. 그러는 동안 숱한 오해가 연기처럼 사라졌다. 결국 우리 서로가 공통점을 지니고 있다는 사실을 확인한 듯

---

4. **Quakers**: 프로테스탄트의 한 교파. 프렌드 협회라고도 한다. 1647년 영국인 G. 폭스가 창시했고 50년대 이후 미국에 포교가 적극적으로 행해졌다. 이들은 사랑과 일치의 모임을 통하여 성령의 현존을 체험했다. 그들은 상호간에 벗 관계를 항상 유지하면서, 그들의 일치 정신에 따라 같은 종파에 속하지 않은 사람들과도 관대히 벗의 관계를 맺는 일은 정녕 기도의 차원이 아닐 수 없다. 그들은 "안으로부터 빛"을 믿고, 그 신앙의 내용과 형식에 있어서나 또 인디언과의 *友好*, 혹인 노예무역과 노예제도 반대, 전쟁 반대, 양심적 징병 거부, 십일조 반대 등의 태도에 있어서도 "특수한 인간들"로 간주되었다. 19세기 전반에 정통파와 허크사이트로 분열했으나 화해했다.

5. **Thomas Stearns Eliot(1888~1965)**: 종교적이고 교양있는 미국인 목사의 집안에서 태어남. 나중에 영국으로 건너가 귀화했다. 시인, 비평가, 수필가로 「황무지」(*The Waste Land*, 1922) 등의 많은 작품들을 남겼다. 1948년 노벨 문학상을 수상했다.

한데, 종교적 의견을 통하여 이런 비약적인 발전이 있다니! 나는 이제야 비로소 내가 고루했음을 깨닫는다. 그렇지 않으면 헬레니즘[6] 교육의 희생물이 됐을 뻔했다.

아무튼 나는 회의에 참석했던 친구에게 심중에 있는 생각을 털어놓았다. 그는 전형적인 불교도답게 내 이야기를 끝까지 경청하더니, 대략 이렇게 말했다. "당신은 정말로 無와 空과 虛에 대해 이야기하는 것이 가능하다고 생각합니까? 정말로 하느님에 대해 말할 수 있다고 생각합니까? 당연히 불가능하지요. 당신은 虛의 일부분이고, 無의 일부분이고, 그러면서 하느님의 일부분입니다. 전체가 하나지요."

나는 여기서 禪 전체를 꿰뚫고 흐르는 무엇, 그것이 선사의 지극히 간결한 사상에 담겨 있든 혹은 지극히 이론적인 학자의 사상에 담겨 있든, 분명하고도 똑바로 표현되었음을 알았다: 말하자면 이원론은 전혀 존재하지 않고, "나와 너" — 슬프도다, 부버(Martin Buber) 때문이라니 — 도 없으며, "하느님과 나 자신"도 없다. 전체가 하나이다. 이른바 대승불교의 기초를 이루는 일원론이 그것이다. 저 유명한 스즈끼[7] 박사에 관련된 일화를 소개하겠다.

언젠가 도쿄에서 그 나이 든 철학자가 서양인들에게 禪에 대해 말해주었다. 그는 침묵과 空과 無와 깨달음에 근거한 깊은 지혜에 대해 말했다. 그가 말을 끝마쳤을 때, 청중 가운데 한 사람이 일어서더니 다소 짜증스런 말투로, "그렇다면 스즈끼 박사님, 사회에 대해서는 어떻게 생각하십니까? 다른 사람에 대해서는요? 다른 것도 좀 말씀해 주십시오!" 하고 소리쳤다.

---

6. **Hellenism**: 서양 철학의 근간을 이루는 사상으로서 알렉산더 대왕 사망 후부터 그리스도의 탄생까지를 헬레니즘 시대로 보는 것이 통설이다. 본질적으로 이원론에서 출발한다. 서양 철학과 신학은 이 헬레니즘을 토대로 하여 마련된 것이다.

7. 스즈끼 다이세쓰(鈴木大掘, 1870~1966): 일본의 불교 철학자. 동양의 선을 최초로 서양에 소개했다.

그러자 스즈끼 박사는 한동안 침묵을 지키더니[8] 그를 바라보며 이렇게 대답했다. "하지만 다른 것은 없습니다!"

다른 것도 없고, 자기도 존재하지 않는다. 이것이 그의 답변이요, 불교도인 나의 친구가 말한 골자이기도 하다. 그 의미 — 어감처럼 그리 끔찍하거나 혹은 단순하지 않음 — 에 대해선 나중에 검토하기로 하고, 지금은 대화로 화제를 돌려야겠다.

우리 15명은 교토에서 만나 멋진 주말을 보냈다. 우리의 좋은 의향과 깊은 신앙으로 분위기는 무르익어 갔다. 우리는 한데 어울려 담소를 나누었을 뿐만 아니라, 침묵의 통교인 무언의 대화에도 잠겼다. 이 모임은 저명한 선사의 설법으로 절정에 달했는데, 그는 자신을 무아지경에 빠지게 한 깨달음의 체험을 대단한 열정으로 이야기했다. 그는 마치 자기의 머리가 사라진 것같이 느꼈으며 또 며칠 동안 자기가 어디에 있었는지 무엇을 했는지 알지 못했다고 말했다. 깨달음은 어떠한 말로도 표현되거나 설명될 수도 없지만, 의심할 여지 없이 예수의 말씀 가운데 깨달음이 있다고 말했다:

아브라함이 나기 전부터 나는 있습니다.[9]

그는 이 말씀이 온전한 깨달음이라고 말했다 — 대상이 없고, 이원론이 아닌, 바로 "나는 있습니다"야말로.

본론과는 상관없는 말 같지만, 나는 불교 신도들이 그리스도에 대해 이야기할 때면 언제나 공손하다는 점에 크게 감동했다. 그들이 우리에 대해 회의적으로 생각하는 경우에도 그만한 이유가 있는

---

8. 스즈끼 박사는 답변을 하기 전에 곧잘 한동안 눈을 감고 침묵을 지키곤 했는데, 이를 젊은 학생들은 "스즈끼하는 것"이라고 불렀다.

9. 요한 8,58. 역자는 이 책에서 모든 신약성서 인용을 『한국천주교회 창립 200주년 기념 신약성서』, 분도출판사, 1991에 따르기로 한다.

것처럼 보였는데, 그들은 그리스도교의 창시자에 대한 찬사를 숨기려 들지 않았다. 이 경우에도 그의 말은 나에게 생각할 거리를 주었다. 이 설법을 듣기 전에도 "나는 있습니다"가 완전한 깨달음의 표현이라는 말을 들은 적이 있지만 깨달은 존재의 깊은 곳에서 용솟음친 "나는 있습니다"는 말에서 "나"는 경험적 자아가 아님을 알지 못했다. 그것은 禪에서는 아예 존재하지도 않는 욕망덩어리인 작은 자아가 아니다. 이 "나"는 존재의 터전이요, 우주의 핵심이요, 가장 깊숙한 곳에서 떠오른 참된 자아요, 모든 것을 압도하는 진실한 자아다. 이 "큰 자아"의 소리가 "작은 자아"의 의식을 모두 삼켜 버리는데, 그것은 큰 자아가 전체이기 때문이다. 예수께서 "나는 있습니다"고 말씀하실 때의 "나"는 한 인간인 "나"를 말하는 것이 아니라, 모든 것의 시작이요 그로부터 모든 것이 창조된 영원한 말씀을 두고 하신 말씀임을 그때야 확실히 알게 되었다. 예수께서는 하느님으로 너무나 충만하시어 이미 인간의 품성만이 아니라 영원한 아들의 품성이 그분 안에 존재한다. 그런 이유로 그분의 내면에서 터져 나온 "나"와 하느님께서 모세에게 대답한 "나는 나로다"는 같다.

어쨌든 우리의 담화는 커피와 녹차를 마셔가며 계속되었지만, 한편 그밖의 시간들은 녹음기와 기자들이 함께한 좀 공식적인 자리가 되고 말았다. 이 책을 읽는 독자들은 어디에서 이런 일들이 모조리 진행되었으며, 우리가 얻은 바는 과연 무엇인지 궁금할 것이다. 아마, 여전히 이것은 아무도 대답할 수 없는 질문이다. 여러 가지 점에서 대화란 위험하고 까다로운 작업이다. 한 모임에서 불교도인 어느 교수는 우리 모두가 문화적·종교적 위험을 느끼고 있다고 유머스럽게 한 마디 했다. 하지만 당신이 마음의 문을 연다면, 당신이 다른 사람의 입장을 간파한다면, 당신이 평등이라고 하는 용어를 다른 사람에게 적용시킨다면 — 그렇다면 어떤 일이 벌어질지 하느님만이 아신다. 단연 모험은 해볼 만한 가치가 있고, 그렇게 할 때

발전하게 된다. 나의 경우에, 현재 나의 급선무는 불교에서 배워 익히는 것이다. 나는 서양의 그리스도교가 — 서구적인 것 모두 마찬가지 — 수혈(輸血)을 받아야만 할 처지에 놓였다고 생각하지 않을 수 없다. 웬일인지 우리는 자꾸만 무력해지는데 — 필경 이것이 서구의 몰락에 관한 낡아빠진 이론인가? 따라서 우리는 새로운 통찰력이 필요하다. 토마스 아퀴나스가 13세기에 아리스토텔레스를 소개했을 때, 전반적으로 그리스도교에 새로운 영역이 열렸던 것처럼, 불교도들의 생각과 자세에서 우리가 무엇인가를 배우고자 할 때 새로운 영역이, 심지어 그보다 더 큰 영역이 활짝 열릴 것이다. 그리고 우리가 그리스도교를 끝없이 열린 종교, 당당히 걷고 있는 종교, 헬레니즘과 공산주의에서 영향을 받은 종교, 그리고 마침내 모든 문화의 눈을 통하여 진실을 보게 될 때 비로소 완성에 이르게 될 종교로 보는데, 지금 특별히 때가 무르익고 있다. 실제로, 보편성을 주장하기 때문이라도 엄밀히 그리스도교는 다른 종교들의 통찰에서 도움을 받을 필요가 있다. 그리고 내가 여기서 덧붙이고 싶은 말인즉, 내가 만난 많은 불교도들 역시 당당하게 걷고 있으며, 기꺼이 그리스도교에서 배우려 한다는 것이다.

이제 방금 말한 수혈에 대해 말해보겠다. 그리스도인들은 禪에서 무엇을 배울 수 있는가? 이 책에서는 차라리 내가 禪에서 무엇을 배웠는지 혹은 지금 무엇을 배우고 있는지 물어보는 편이 낫겠다. 내 생각에 먼저 禪은 우리에게 기도의 방법을 가르칠 수 있다고 본다. 이 말 뜻을 설명해 보겠다.

이제까지 소금의 가치를 지닌 모든 종교는 사람들에게 기도하는 방법을 가르쳐 왔다. 어떤 종교들은 신학이 부족하고 조직적이지도 않다. 그러나 기도와 명상을 담은 종교라면 우리는 그 종교를 존중할 수 있거니와 또 자신의 본분을 다하는 종교로 인정할 수 있다. 불교와 힌두교에도 언제나 인물들 — 구루들과 선사 — 이 있었는데, 그들은 명상법에 정통한 사람들이어서 제자들을 비뚤어진 마음의 행로에서 정신 집중의 높은 차원으로 이끌었다. 유대교와 마찬가지로 그리스도교에도 역시 그러한 전통이 있다(그런 전통이 없었다면 어찌 될 뻔했는가?). 제자들이 예수께 어떻게 말했는지 살펴보자. "주님, 요한이 자기 제자들에게 가르쳐 준 것처럼 저희에게도 기도를 가르쳐 주십시오"(루가 11,1). 제자들은 지방을 돌아다니던 요한과 다른 랍비들처럼 예수께서 기도의 스승임을 짐작하고 있었다. 교회의 교부(敎父)들 또한 기도를 가르쳤다. 그리고 나중에 등장한 사람 중에는 파리 근교를 유랑하며 사람들에게 기도하는 법을 가르친 로욜라의 이냐시오 같은 사람도 있다. 이냐시오는 어떤 방법 — 그의 「영성 수련」에는 기도하는 방법이 수록되어 있음 — 을 알고 있었는데, 그의 목표는 사람들이 깨달음 같은 것을 얻는 것이었다. 그의 방식은 현재까지도 계속되며 날로 번창하고 있다.

하지만 이냐시오 방식은 이해되지 않는 점들이 많고, 합리주의와 추리와 생각으로 꽉 차 있는 이른바 "추론적인 기도"(discursive prayer)여서, 신비주의를 원하는 현대인에게 호소력이 거의 없다. 햄릿형(型)인 현대인들은 너무나도 많은 말, 말, 말 속에 파묻혀 산다. 아마도 그들은 텔리비전, 라디오, 광고, 온갖 종류의 물질로 인해 착취당하고 있고 녹초가 되어 있는데, 이를 두고 맥루언[10]은 인간의 신경조직이 우리의 행성(行星)에 온통 퍼져 있다고 말했다. 그들이 원하는 것은 깊은 내적 침묵이다. 그리고 이것은 禪에서 발견되지만, 만약 이냐시오 방식이 잘 이해만 된다면 거기에서 발견될 수도 있다. 禪에서 초보자가 내적 평화에 들자면, 더구나 이른바 그리스도교의 "주부적 관상"[11]에 들어가기 위해서라면 간단한 기법이 필요하다. 일본이라는 나라는 경제 대국으로 잘 알려져 있을 뿐만

---

10. **Marshall McLuhan(1911~1980):** 캐나다의 문화사학자, 커뮤니케이션 이론가.

아니라 국민들 역시 아주 실속파여서, 그들은 중국에서 태동한 禪 기법들을 나름대로 완성시켰다: 앉는 법, 호흡법, 마음을 다스리는 법을.

하지만 禪의 비결은 가부좌를 틀고, 바르게 앉는 것이 아니다. 그 비결 — 혹은 나의 생각일 듯함 — 은 초탈이고, 여기에 대한 기법을 禪에서 발달시킨 것이다. 불교의 모든 방식들이 이 초탈을 토대로 하여 마련되었고 禪의 뿌리도 바로 이것이다.

> 그렇다면 악(惡)의 기원에 대한 거룩한 진리〔佛家〕의 가르침은 무엇인가? 그것은 환생(還生)에 대한 갈망이요, 쾌락과 탐욕을 채우기 위해 이곳저곳에서 그 즐거움을 얻으려 하는 것이다. 다시 말해 감각적인 체험에 대한 갈구, 끝없는 쾌락에 대한 욕구, 욕망의 완전한 충족에 대한 갈망이 그것이다.
>
> 그렇다면 악의 소멸에 대한 불가의 가르침은 무엇인가? 그것은 철저히 욕망을 끊어버리는 것이다. 욕망에서 물러나는 것이요, 그것을 단념하는 것이요, 그것을 버리는 것이요, 거기에서 해방되는 것이요, 거기에 집착하지 않는 것이다.

이들 원칙에 충실하게 禪은 방기(放棄)와 극기를 가르치니, 정말 비상하기 이를 데 없다. 따라서 인간은 그 무엇에도 자신에게조차 얽매이지 말아야 한다. 禪에서 초탈이라는 말은 단순히 술과 담배를 끊고 무엇인가를 행한다는 뜻이 아니다(이 말에 대해 그리스도인들은 흔히 이렇게 이해한다). 거기에는 사고 과정에 얽매임이 없어야 하고, 망상과 잡념에 얽매이지 않고 또 서양의 남성과 여성들에게

---

11. 注賦的 觀想(infused contemplation): 修得的 관상(acquired contemplation) 혹은 能動的 관상과 대치되는 말로 受動的 관상이라고도 한다(토마스 머튼, 『명상이란 무엇인가?』, 오무수 옮김, 가톨릭 출판사, 1987, 29-30쪽 참고).

너무나 친숙한 개념화에 얽매이지 않는다는 것보다 더 깊은 의미가
담겨져 있다. 그렇기에 무엇에도 얽매이지 않는 인간에게는 깊고
아름다운 정신 세계가 시작된다. 인간은 아래로 자기 존재의 가장
깊은 곳까지 내려간다 — 혹은 禪을 신체적으로 묘사하길 원한다
면, 명치 끝까지 내려간다고 말할 수 있음. 이 과정이 계속되는 동
안, 인간은 유치한 고착, 무의식의 활동, 그리고 그밖의 것들에서
발견되는 잠재의식의 영역까지 초월하게 된다. 초탈을 여기에 적용
한다면, 禪은 정신분석학과 공통점이 있고, 약을 기꺼이 복용하거
나 할 수 있는 사람들에게 치료상 도움이 될 수도 있다. 이에 관해
서는 『정적의 지점』(*The Still Point*)에 자세히 적어두었기 때문에
다시 되풀이할 필요는 없겠다. 내가 하고 싶은 말인즉, 초탈에 관한
한 그것은 십자가 요한의 관상적 길과 아주 흡사하다는 것이다. 실
제로 너무나 흡사하여 어떤 학자들은 십자가 요한이 신플라톤주의[12]
를 통하여 불교의 영향을 받았다고 말할 정도다. 하지만 이 말은 확
실치 않다.

어쨌든 초탈은 다만 동전의 한 면에 불과하다. 초탈은 어떤 것을
비추기 위한 전조다. 불교에서 이것은 불성(佛性)이다. 왜냐하면,
일반적인 인식과는 달리 참된 禪은 아주 커다란 믿음에 토대를 두
기 때문이다 — 이를테면 인간의 가장 깊은 곳에 불성이 있다는 믿
음이요, 사성제[13]에서 지적한 대로, 고통의 늪지에서 빠져나갈 길이
있다는 믿음과 인간이 깨달음을 얻어 변모된다는 믿음. 이 점은 禪

---

12. **Neoplatonism**: 3세기에 알렉산드리아에서 시작된 철학 체계. 주로 **Platon**의 사상
과 동방의 신비주의를 결합시켜 후에 그리스도교에 영향을 주었다.

13. 四聖諦: 四諦라고도 한다. 부처가 깨달음을 얻은 후 설법한 최초의 가르침이다.
諦는 산스크리트語 "사트야"의 번역으로 진리, 곧 네 가지의 진리를 의미한다. 사
제는 12인연의 도리를 관찰하여 불타가 다른 사람들이 알도록 하기 위하여 그 의
미를 조직적으로 설명한 것이다. 그 내용은 다음과 같다. ① 苦諦: 이 세상은 모두
苦이다. ② 集諦: 이 苦는 욕망과 집착에 의해서 생긴다. ③ 滅諦: 그 욕망과 집
착, 즉 苦를 멸한 상태가 궁극의 理想境이다. ④ 道諦: 그 이상경으로 이끌기 위해
서는 여덟 가지의 올바른 실천[八正道]에 의거하지 않으면 안된다.

에는 믿음도 전제조건도 필요치 않을 뿐 아니라, "말과 글자에 의존하지 않는다"[不立文字]는 말을 자주 듣는 사람들에게 중요한 문제가 될 터이다. 어떤 의미에서 이 말들은 온당하다. 좌선중인 마음 안에는 개념화된 체계가 등장할 수 없고, 어떠한 한 개의 경전일지라도 강조할 수 없으며, "이것이 禪의 정수(精髓)다"고 강조할 수 없음 또한 사실이다. 그럼에도 불구하고 만물에 불교의 정신, 조사(祖師)들의 얼, 불경의 정신이 배어 있음도 사실이다. 禪 수행자들과 이야기를 하노라면, 이러한 사실들을 이내 알게 되고, 절에 가서 설법을 듣노라면, 그 사실이 아주 명백해진다. 여기에는 위대한 믿음이 있다.

그리스도인의 禪 수행에 있어서, 이 믿음은 하느님께서 나의 존재의 깊은 곳에 계시다는 확신의 형태, 즉 나는 하느님의 모상대로 빚어졌다고 하는 신념의 형태를 취할 수 있다. 혹은 바울로의 말처럼 "나는 살아 있지만 이미 내가 아니라 그리스도께서 내 안에 살고 계십니다"(갈라 2,20)고 표현할 수도 있다. 내 안에 가장 깊고 참된 것은 내가 아니라 하느님이다. 그리스도인의 禪에서 드러나듯이, 나는 사라지고 ─ 이는 그리스도인의 무아(無我) 상태임 ─ 하느님께서 내 안에서 사시고 활동하신다. 이제 활동은 나 자신을 위한 활동이 아니라 무엇보다 소중한 하느님의 활동이다. 결국 하느님을 빼고 나면 아무것도 없다. 사도 바울로도 그리스도를 빼고 나면 아무것도 없다고 말한다. "이제는 유대인도 없고 헬라인도 없으며, 노예도 없고 자유인도 없으며, 남성이랄 것도 여성이랄 것도 없습니다. 여러분은 모두 그리스도 예수 안에 하나이기 때문입니다"(갈라 3,28). 이런 식으로 그리스도인의 禪이 전개될 것이다. 내 딴에는 중요하다 싶어 여기서 꼭 지적하고 싶은 말이 있는데, 믿음의 어떤 성질은 참선에 반드시 필요하다는 것이요, 일부 사람들의 말에 부화뇌동하지 말라는 것이다. 이 말은 참선뿐만 아니라 온갖 형태의 깊은 명상에도 해당되는데, 아마 이러한 이유 때문에 명상에만 커다란 관심을 쏟았을 뿐 특정한 신앙을 가지지 않은 올더스 헉슬리[14] 같은 사람은 그 결과가 시원치 않았던 것 같다. 자기의 내면에서 뭔가 일어날지도 모른다는 희망 속에 무작정 자기 자신을 끊어버리는 작업을 추진할 수는 없다. 물론 별 믿음 없이 명상을 시작하는 사람들도 있고, 도쿄에 있는 우리의 선방에 찾아오는 많은 사람들도 꼭 그러하지만, 믿음이 필요한 때가 올 것이요, 만약 믿음이 없다면 끝까지 헤쳐나가지 못할 것이다.

간략히 말해 禪 기법은 신앙을 돈독히 하려는 그리스도인에게 크게 도움이 될 뿐만 아니라, 그리스도인의 수효가 날로 증가하고 있는 여기 일본에서 일본인이나 서양인이나 할것없이 누구나 이 점을 깨닫고 있다고 생각한다. 한 예로 증가 추세인 일본의 수녀들도 조용히 참선을 하고 있는데, 내 생각에 이 일은 교회 내에서 전망이 밝다고 본다. 禪의 기법을 가지고 재차 사람들에게 기도하는 법을 가르친다 함은 확실히 기발한 아이디어가 아닐 수 없다. 하지만 서글프게도 가톨릭 수사와 수녀들이 식물학에서 상업 영어에 이르기까지 온갖 잡다한 것들을 가르치지만, 사람들에게 기도하는 법에 대해서는 전혀 가르치지 않는 실정이다.

물론 내가 지적한 몇 가지 문제점들보다 대책이 더 중요하다. 하지만 나는 이 문제를 후에 선사와 공안[15]이라는 장에서 다루는 것이 더 좋으리라 생각한다. 우선 이 장에서는 정신적으로 고갈된 서양의 남성과 여성들에게 이와 비슷한 것이 꼭 필요하다고 말해두고 싶은데, 그것은 물질적으로 풍요로운 선진국에서 이상하게도 명상적 삶은 발달하지 못했기 때문이다. 서구 문명은 대단히 끔찍하게도 한쪽 면만 발육한 기형인지라, 진지한 사람조차도 컴퓨터와 인

---

14. **Aldous Huxley(1894~1963)**. 영국의 소설가, 수필가, 비평가.

15. **公案**: 진리를 향하는 역설적인 문제. **話頭** 혹은 古則이라고도 한다.

간의 차이점을 알아보지 못한다. 이런 일이 생길 때 그래서 누구나 가지고 있는 명상적 영역이 메마를 때, 사람들은 미쳐 날뛰고 미친 짓을 일삼는다. 그래서 이런 일이 벌어지고 있다. 더구나 수사들과 수녀들에게도 이런 일이 일어나고 있다고 생각하면 소름이 끼친다. 한편 자기의 삶을 깨달음에 거는 사람들이 있지만, 그들마저 그리스도인의 자선이라는 명분으로 소란을 피우지 못하면 모든 게 공허하다고 느낀다.

만일 명상교육을 위해 젊은이들이 힌두교와 불교를 잘 살펴본다면, 그들은 본능적으로 타는 갈증을 느낄 것이다. 그 이유는 현대의 그리스도교가 신비적인 것보다 교회에 다니는 모습을 계획했기 때문이 아닐까? 지나치게 빙고 놀이에 열을 올리고 신비주의에는 그다지 관심이 없는 게 아닐까? 너무나 신학적으로 지껄이기를 좋아한 나머지 의식에 떠오르지 않는 침묵에 대해선 좀 소원(疏遠)하지 않았던가? 말! 말! 말! 아마 이런 이유 때문에 우리는 동양에서 수혈을 받을 필요가 있을 것 같다.

내가 禪에서 배우게 된 또 다른 중요한 교훈을 다음 장에서 거론해 보겠다.

일원론과 이원론

만약 그리스도교와 불교가 영적인 칼을 맞댄다면, 쟁점은 일원론 대 이원론이 분명할 것이라고 말해져 왔다. 이것은 일전에 내게 하느님은 사라지고 존슨만 남을 것이라고 말씀하신 노선사의 말에 담긴 요점이었다. 또한 인간은 하느님과 무(無)에 대해 이야기할 수 없다고 한 내 친구 말의 요점이기도 했다. 선사가 "나는 있습니다"는 말씀으로 표현된 그리스도의 깨달음에 대해 말할 때, 이를 말하고 있었다. 그리고 스즈끼 박사가 "하지만 다른 것은 없습니다!"고 말할 때도 마찬가지였다. 따라서 이것은 기본 문제로 귀결된다. 여럿인 것들이 있느냐 그렇지 않으면 오직 하나인 것만 있느냐?

일원론 대 이원론의 긴장은 물론 수세기 동안 서양에서 활발히 거론된 문제였고, 당연히 그리스도인들은 범신론과 허무주의와 온갖 불쾌하기 짝이 없는 일들의 위험성에 대해 숱한 경고를 받아왔는데, 그런 이유로 14세기에 마이스터 에크하르트[1]와 같은 사람들은 심한 혹평을 받아야 했다. 하지만 지금은 전세계적으로 맑고 신선한 대화와 관용의 바람이 일고 있고, 이 시점에서 우리는 질문들을 던지기 시작한다. 우리는 물을 수 있다. "일원론"의 장점이 무엇인가? 우리는 그것에서 무엇을 배울 수 있는가? 그것은 실제로 무엇을

---

1. **Meister Eckhart(1260~1327?)**: 도미니코會 신학자. 독일 신비신학 창시자. 그는 사망 직전에 성명을 통하여, 만약 자기가 집필하거나 말한 것, 또는 설교한 것 중에 신앙에 어긋나는 점이 내포되어 있다면 서슴지 않고 철회하겠다는 입장을 밝혔다. 교황의 결정은 그의 생존시에는 발표되지 않았으나, 그가 남긴 수많은 글귀들은 그가 세상을 떠난 후에 교황의 교서에 의하여 이단으로 단죄되었다.

의미하는가? 그것은 정말로 그리스도교의 적(敵)인가? 그것은 서구 세계를 위해 어떤 메시지를 담고 있는가?

이 문제에 대해 먼저 나의 답변을 들어보기 바란다. 나는 서양의 그리스도인이 이른바 일원론과 접할 필요가 있다고 생각한다. 현대 인들은 일원론을 추구하고 있고, 그 대부분이 그리스도인의 감각을 통해서 이해되고 있다. 내 생각으로는, 이것이 탁월한 토마스 머튼 의 통찰력 가운데 하나였다. 운좋게도 나는 명성이 자자한 게쎄마 니의 트라피스트 수도원에서 그를 만날 기회가 있었다(그는 종이 울리자 자리를 떴기 때문에, 우리의 만남은 간단한 대화만 나눌 정 도로 짧았다), 그래서 우리는 그 이후 서신 왕래를 했다. 일본에서 다시 만나기로 약속한 날이 다가오고 있을 즈음, 나는 그가 방콕에 서 선풍기 감전 사고로 사망했다는 소식을 듣고 깜짝 놀랐다. 나는 그에게 우리의 부족한 禪의 성과들을 알려주었고, 그는 아주 예리 한 관심을 가지고 모든 상황들을 주시했다. 법적 분규가 있을까 하 여 편지를 그대로 인용하지 않고 고쳐 적기로 한다. 다음과 같다.

친애하는 존슨 신부님께

친절한 편지에 무척 감사드립니다. 저는 접심에 대해 흥미롭게 들었습니다. 제가 보기에 가부좌가 그리 중요치 않다는 생각이 듭 니다만. 그러나 라쌀(Lassalle) 신부님과 당신이 일본인의 눈으로 사물을 보고자 하시니, 아마 그런 이유와 다소 관련이 있지 않을까 생각해 봅니다. 깨달음이란 참으로 미묘한 문제인 것 같습니다.

저는 멀리 떨어져 있고, 일본에서 어떤 일이 벌어지고 있는지 직 접 알지 못하기 때문에, 몇 가지 도움이 될 만한 의견을 적어 보내 겠습니다.

어쩌면 참선하는 사람들은 우리가 하느님을 믿는다고 말할 때 그 의미를 나름대로 생각하고 있는 것 같습니다. 그리고 그것이 이원론을 뜻하고 나-당신 — 주체-객체 — 관계 설정을 의미한다고 생각할지 모릅니다. 그렇다면 물론 이것이 깨달음을 얻지 못하게 방해할 수도 있겠지요. 혹시 그들은 인간이 하느님을 경험하지 못할 정도로 몹시 비참하게 될 수 있다고 말한 에크하르트에 대해 알고 있는지 궁금합니다. 에크하르트는 그리스도인의 무신론에 대해서도 또 하느님의 죽음에 대해서도 의견을 말하지 않았습니다. 단지 그는 온갖 형태의 아포패틱(apophatic) 신비주의에서 분명히 확인되는 체험에 대해서 말하고 있습니다. 게다가 참선하는 사람들은 신랑과 신부라는 견지에서 그리스도교 신비주의를 생각할지도 모릅니다. 이것 역시 우리를 깨달음에서 아주 멀리 떼어놓습니다.

그렇지만 다른 입장에서 살펴볼까요? 어쩌면 라쌀 신부님 같은 사람들은 정신적으로 깨달음을 얻기 불가능한 상황으로 치달으면서 어떻게든 그리스도인의 깨달음을 얻으려고 하는 것 같습니다. 제가 이 말을 하는 까닭은 참된 깨달음을 얻기 위해서는 그리스도인 방식의 깨달음이라는 것을 가져서는 안되기 때문입니다 — 철저히 그런 방식들에서 벗어나야 합니다. 행여나 禪 수행자들은 참선하는 그리스도인들이 그런 마음 상태에 있다고 간주할지 모릅니다.

저는 그리스도인들이 불교도들처럼 쉽게 깨달음에 이를 수 있다고 확신합니다. 이는 모든 형식, 상상, 개념, 범주, 그외의 것을 단순히 초월하는 경우에 그러합니다. 하지만 그리스도교의 전형적인 인물인 우리가 이것을 어렵게 만들고 있지나 않는지요. 아마 최선책은 깨달음을 얻든 못 얻든 여기에 연연해하지 않고, 내적 정화를 위해서 또 체계와 개념적 사고로부터 자유를 얻기 위해 禪을 이용하는 것이라고 생각합니다. 동시에 라쌀 신부님께서 거기에 도달하는 것이 자신의 소명이라고 생각하신다면, 저는 그분께 도움이 되고 싶습니다. 제게 이 모든 것에 대해 더 알려주십시오. 혹시 두몰린(Dumoulin) 신부님과 라쌀 신부님의 독일 책들이 영어로 번역되어 나왔나요? 저는 그분들의 작품들을 검토해 보고 싶지만 제 독일어 실력은 너무나 짧군요.

성공을 충심으로 빌며,

그리스도 안에 형제
토마스 머튼

솔직히 말해 나는 머튼이 위의 편지에서 언급한 말에 동의하지 않는다. 다리를 트는 자세가 그의 생각보다 훨씬 중요할 것 같다 — 그것이 본질적이지 않더라도. 또 그의 말이 틀리지 않더라도. 게다가 우리 서양인들 중 어느 누구도 일본인의 눈으로 실제 사물을 보고 싶어하는 사람은 한 사람도 없을 것이다. 그리고 우리는 집착을 가지고 깨달음을 추구하는 자는 결코 목적을 이루지 못한다는 사실을 너무나도 잘 알고 있다. 여기까지가 내가 양보할 수 없는 지점이다. 이것들은 이 탁월한 인물의 사상에 비하자면 지엽(枝葉)에 불과하다. 禪은 모든 범주와 이원론을 뛰어넘으며 그리스도교인 역시 똑같이 할 수 있다고 한 말은 단순 명료한 지적이다. 아포패틱 체험에 젖어들면 — 라인란트 신비가들이 분명히했듯이 — 객체와 주체의 관계가 사라진다. 이것은 단지 무신론을 의미하거나 혹은 하느님을 부정한다는 뜻이 아니라, 다른 방법으로 하느님을 체험한다는 말이다. 참으로 소중한 뜻이 담긴 말이 아닐 수 없고, 그래서 나는 머튼이 바쁜 경황 중에도 타자기 앞에 앉아서 문제점을 꼬집어 내게 편지해 준 점에 무척 감사드린다. 나는 그의 생각에 내 의견을 첨가하여 상세히 설명해 보기로 하겠다.

과거 수세기간 대중의 그리스도교는 하느님을 이원론과 심지어는 의인법적 신관(擬人法的 神觀)으로 설명해 왔다. 에크하르트와 같은 신비가들과 『무지의 구름』을 지은 익명의 저자, 십자가 요한, 그 밖의 사람들이 이처럼 하느님을 지나치게 단순화시키는 오류를 범하지 않았기 때문에, 나는 대중적인 그리스도교에 대해 말하련다. 그러나 그리스도교의 일반층도 로빈슨(Robinson)의 『하느님께 정직함』(*Honest to God*)에서처럼 목과 손이 묶인 "저쪽에 계신" 하느님으로 말하는 설교자들의 영향을 받았다. 아마도 그 이유는 어느 정도 성서 해석에서 기인하는데, 극단적인 보수주의자들은 하느님을 아담과 함께 정원을 거니는 분, 당신 백성에게 분노하시는 분, "아버지"라고 일컬어지는 분 등의 축자적인 해석에 집착했다. 아무튼 일반적인 그리스도교는 무의식적으로나마 신을 어떤 자리에 두려는 경향이 강했고, 이 추세는 현재까지 지속된다. 얼마나 많은 그리스도인들이 하물며 정신적으로 진보적인 사람들조차 하느님을 구름 위에 계신 분이나 — 현대인에게는 용납될 수 없다 하더라도 — 마음 깊이 계신 분 혹은 존재의 한가운데 계신 분으로 두고 싶어하는지. 하지만 모든 경우에 하느님은 어디에나 계시다.

따라서 정통적인 선승(禪僧)이 그러한 하느님의 존재를 부인할 것은 뻔한 일이다. 그는 이런 하느님을 닮은 형상도 혹은 초월자와의 대화도 결코 존재하지 않는다고 말할 것이다. 그는 그러한 존재를 염두에 두는 일이 禪 명상을 망치는 행위라고 덧붙일 것이다. 이것은 아주 지당한 말인즉, 그는 철저히 이원론을 배격하기 때문이다. 그는 가차없이 주체-객체의 관계를 반대한다. 그는 지성적 판단의 모든 활동을 반대한다. 어떻게 그가 하느님께서 저기 계시고 나는 여기 있다는 생각을 수용할 수 있겠는가?

물론 머튼의 말도 일리가 있다. 그리스도인들은 옛것을, 신비가들이 강조하고 재차 역점을 두었으며 토마스 아퀴나스가 공들인, 과거의 철학적 진리를 돌이켜봐야 하는데, 하느님께서 어떤 장소에 국한되지 않기 때문이다. 내가 여기에 있다는 의미처럼 하느님께서 저기에 계시지 않는다. 그것은 옳다. 물론 우리는 하느님을 아버지의 모습으로 그리려는 의도와 아주 흡사하게, 편리함 때문에 그분을 어떤 장소에 계시는 분으로 생각할 수도 있다. 하지만 그러한 접근이 부적당함을 항상 상기해야 할 것이요, 하느님께서는 어디에도 계시지 않음을 되새겨야 한다. 그분은 존재할 따름이다. 하느님을 어떤 자리에 두려는 생각은 당연히 무한하신 분을 유한한 존재자로 한정시키는 짓이다. 만일 당신이 하느님은 거기에 계시다고 말한다면, 그 말 속에는 그분이 여기에 계시지 않는다는 뜻이 담겨 있다. 어느 쪽이든 어처구니없는 말이다. 행여 많은 사람들이 이 말의 모순을 깨닫고 전적으로 하느님을 거부할지도 모르겠다. 이때문에 하느님의 죽음이 서양 세계를 강타하고 있지 않은가!

그리스도 신비가들에게 방향을 바꾸노라면, 우리는 다른 화제를 발견한다. 어떤 신비가들은 禪의 대가들과 너무나 유사하게도 주체와 객체를 초월하여 명상 ― 혹은 관상 ― 을 한다. 나는 『무지의 구름』에 대해 글을 쓰는 동안 이러한 인상을 강하게 받았다. 『개인 면담에 관한 규범』(*The Book of Privy Counselling*) ― 나는 이 책을 禪에 관심이 있는 사람들에게 꼭 권하고 싶다 ― 이라는 책을 저술한 영국 작가도 선사들 못지않게 그의 제자들에게 주체-객체의 관계에 대한 생각을 지우게 하려고 수없이 시도했노라고 말한다. 하느님이 너의 존재라고 그는 말한다("하느님이 네 안에 계시다 혹은 하느님이 너의 존재 안에 계시다" 등등이 아님) ― 비록 너의 존재가 곧 하느님은 아니더라도. 존재할 따름이다! 하느님의 존재를 의식하기 위해 자신의 존재에 대한 생각은 잊어버려라! 이 영국 저자는 디오니시우스[2]에서 유래하여 라인 지방의 신비가들을 지나 십자가의 요한에 이르러 절정에 이른 "부정(否定)의 신학"이라는 위대한 전통을 철저히 고집한다. 머튼 역시 같은 전통에 속하므로, 禪에 대해 그만치 동감하고 있었던 것이다.

성서는 철저히 이원론적이기 때문에, 그 안에서 주체-객체 관계를 지워버릴 수 없다고 반박할 수도 있겠다. 이러한 논리는 바르트

(Karl Barth) 같은 뛰어난 신학자들이 고수했는데, 그들은 철저히 디오니시우스 전통의 적대자였다. 그들은 십자가의 요한에서 전성을 이룬 아포패틱 흐름에 대해, 성서에서 흘러나온 아름다운 영성을 더럽힌 일원론이라고 규정한다. 하지만 이 점에서 나는 그들의 견해에 동의하지 않는다. 성서는 그리스도교의 모든 것이 아니라 불가피하게 유대의 문화 양식에 한정되어 있다. 이런 사실은 접어 두고라도, 누구든 성서를 자세히 읽어본 사람이라면 거기서 부정신학의 씨앗들을 발견할 것이다. 그것들은 미미하게나마 존재한다. 이 신비로운 요소가 無와 虛와 空이라는 용어로 표현되지 않았는데, 까닭인즉 유대인들이 그런 식으로 말하지 않기 때문이다. 그들의 표현방식에 의하면 하느님은 알 수 없는 분, 어떤 자리에도 계시지 않는 분 등등이다. 이 말은 하느님께서 어떤 것과도 비슷하지 않다고 단호히 말함으로 해서 이미지를 만들지 못하게 금지하려는 것인데 — 왜냐하면 그 누구도 하느님을 본 사람은 없기 때문이다. 게다가 이런 말이 전해 내려온다 — 정말로 내 관심을 끈 이야기 — 승리한 폼페이우스[3]가 지성소에 뭐가 있는지 알고 싶어 성큼성큼 걸어 들어갔으나, 거기에는 아무것도 없었다(끝이 불교와 얼마나 밀접한가!). 이것이 하느님의 지고한 불가지성을 선포하는 유대의 방법이었던 것이다. 그 위에 아포패틱 신비주의의 씨앗들이 욥기와 제2 이사야 예언서에 뿌려졌으리라 생각된다.

---

2. **Dionysius**(1401/03~1471): 신성 로마제국의 신학자이며 신비주의자. 14세기에 라인 지방에 영향력있는 신학교를 세워 신학생 육성에 공헌했다. 쾰른 대학교에서 교육을 받은 그는 1425년 루르몬트의 카르투지오 수도회 수사가 되었다. 1451~1452년 라인란트 교회 개혁을 위한 선교단의 일원으로 북부 독일과 네덜란드 교황 특사로 파견된 쿠자의 니콜라스를 수행했다. 라인의 신학교는 신플라톤주의와 성 토마스 아퀴나스의 신학과 디오니시우스의 가르침의 영향을 받는다. 그에게 있어 신비적 관상은 성령께서 주시는 지혜의 은사를 받는 것이며 이를 위해 영혼은 하느님 이외의 모든 것을 부정함으로써 준비할 수 있다.

3. **Pompeius**(기원전 106~48): 로마의 장군이며 정치가로서 Caesar와 Crassus와 함께 제1회 3두정치를 시행했다.

　내가 이렇듯 장황하게 설명한 이유는, 禪과 대화를 원하는 사람과 하느님께로 힘차게 나아가기 위해 禪 수행을 원하는 사람들에게 이 점은 아주 중요하기 때문이다. 하느님은 사라지고 존슨만이 남을 거라는 말은 결코 무신론을 의미하지 않는다. 이 말은 그리스도인이 하느님을 사고의 대상으로 만들지 말 것과 그분을 깊이 깨닫기 위해 禪 명상을 활용하라는 뜻이다. 엄격히 말해 하느님은 대상이 아니다. 그분은 존재의 근원이다. 이 말이 이해되지 않는다면, 禪은 무신론으로 불릴 것이고, 禪을 그리스도교에 소개하려는 시도는 강력한 반대에 부딪치거나 미신 취급을 받을 것이다.

　이 책은 그리스도인들에게 언제나 문제로 남아 있는, 현실의 이중적인 측면을 부인하기 위해 씌어진 책이 아니다. 우리는 여기서 "하나와 여럿"이라는 널리 알려진 문제에 돌입하기로 하자. 서양에서만도 파르메니데스[4]와 아리스토텔레스를 필두로 토마스 아퀴나스에 이르기까지 가장 뛰어난 지성들이 이 문제에 몰두했다. 하나가 존재한다. 여전히 거기에 여럿이 존재한다. 비록 내가 이처럼 미묘하고 까다로운 문제를 능히 다룰 수 있다 해도 여기서 씨름하고 싶진 않다. 아리스토텔레스 전통이 ― 이 전통은 아직까지도 뭔가 할 말이 있는 것으로 알고 있음 ― 하나와 여럿이라는 두 개의 가지를 고수한다고만 말해 두자. 나는 철학자는 아니지만, 체험과 꼭 들어맞기에, 대단히 미묘한 이 문제에 대해 늘 고심해 왔다. 일상의 체험들은 우리에게 여럿인 것들이 존재한다고 말한다. 禪 체험과 같은 것들은 하나인 것만이 존재한다고 말한다. 왜 양자는 일치하지 못하는가? 그렇다면 우리는 체험의 영역을 부정해야만 하는가?

　그렇다 할지라도, 내가 여기서 말하고 싶은 요지인즉, 그리스도인의 기도가 현실의 양면을 위해 여백을 마련해야 한다는 점이다.

---

4. Parmenides : 기원전 450년경에 활약한 그리스의 철학자. 엘레아 학파의 시조.

禪에서처럼 그리스도인의 기도 역시 침묵할 수 있고, 상상력을 배제할 수 있으며, 주체-객체의 관계도 버릴 수 있고, 대화를 초월할 수도 있다. 이런 유형의 명상에서 일체의 것은 하나다. 하느님이 전부가 되고, "나"는 사라진다. 신비가들의 기도 또한 이와 같았다. 아울러 창조주와 창조물 사이에 대화도 가능한데, 이때의 대화는 백성과 이 세상을 중재하기 위해 높이 들어올린 모세의 손에 비할 수 있다. 일반적으로 명상에 진일보한 그리스도인의 기도는 양쪽이 뒤섞여 있어 상상력을 배제한 침묵의 순간이 있는가 하면 성부와 대화하는 순간도 있다. 그런 까닭에 좌선하러 오는 그리스도인들에게 나는 두 가지 방법을 다 동원해서 명상하라고 권한다. 그리고 자기의 가장 깊은 영적 충동을 따르라고 권하는데, 거기에 성령께서 활동하시기 때문이다. 주체-객체의 관계가 사라진 내적 합일에 이르러 온전히 침묵하고 싶을 때가 있을 것이다. 그럴 때 이러한 흐름에 자신을 내맡겨야 한다. 많은 그리스도인들이 나-당신의 이원론을 학습받아 왔고, 따라서 이원론을 버리라는 말은 곧 하느님을 저버리라는 뜻으로 해석하기 때문에, 이렇게 하는 데 크게 망설인다(나는 참선하는 그리스도인 동료들에게서 이 사실을 발견했다). 하지만 이런 망설임에서 속히 벗어나야 한다. 실제로 하느님의 아름다움과 무한하심과 선하심으로 충만한 아포패틱 체험의 영역으로 들어가야 한다. 비록 하느님을 인식할 수 없다 하더라도 그렇다. 다른 한편, 말이 마음 속에서 치밀어오른다면 ― 예를 들어, 널리 알려진 "예수 기도"를 암송하고 싶은 마음이 간절하거나 하느님을 향해 외치고 싶다면, 하느님을 찬양하고 그분께 감사드리고 싶은 마음이 솟구치거나 청원기도를 드리고 싶다면 ― 그렇게 해도 좋다. 자유롭게 되자. 성령을 따르자.

어쨌든 이 모든 문제에 있어서 그리스도인의 기도 안에서의 대화인즉 더 이상 "하느님과 나누는 나의 대화"가 되지 않고 "내 안에서 성부와 그리스도께서 나누는 대화"가 될 때 완성된다는 점을 명심할 것이다. 즉, 참다운 그리스도인의 기도는 나의 기도가 아니라 그리스도의 기도라는 것이다. 내 영혼 안에서 "압바, 아버지!"라고 크게 외치는 이는 그리스도이시다. 이 외침은 얼마나 놀랍게 바울로의 마음 속에 자리하는가! 그러한 기도 속에서 우리는 무아[무가(無我) 혹은 산스크리트어의 아나타]에 들어간다. 이제는 내가 사는 것이 아니라, 그리스도께서 내 안에 살고 계시다.

여기서 나는 "그리스도교 신비주의의 아버지" — 내 생각에 그리스도가 계시기 때문에 그는 신비주의의 아버지가 될 수 없지만 — 라고 불린 니사의 그레고리우스[5]의 말을 인용하고 싶다. 그는 禪과 같은 침묵을 지나 최고의 지점에서 "압바, 아버지!"를 외친다.

나는 모든 것을 지구에 남겨두고 창공을 가로질러 아름다운 창천(蒼天)에 다다를 것이다. 그러면 곱게 차려입은 수많은 별들이 마중 나오겠지. 하지만 잠시 머무를 틈도 없이 모든 움직임과 변화와는 무관한 사람처럼 그곳을 지나야 한다. 그러다가 변함이 없으신 조물주, 우주 만물을 이끌고 보존하시는 확고부동한 권능을 깨닫게 될 것인데, 모든 것들이 형언할 수 없는 신적 지혜에 의존하기 때문이다. 그런 까닭에 먼저 나의 마음은 끝없이 밀려오는 것과 변하기 쉬운 것들에서 벗어나야 하고, 아무런 움직임 없는 휴식 속에서 평화로이 쉬어야 한다. 바로 무궁토록 변함이 없으신 그분과 닮아지기 위해서다. 그때 가장 친근한 이름으로 그분을 부를 수 있게 된다. "아버지".[6]

---

5. Gregorius Nyssa(332?-395): 카파도키아 3敎父의 한 사람. 大바실리우스의 동생. 그는 오리제네스 이래의 조직신학자이며, 카파도키아 교부들 가운데에서 가장 심오한 철학적 신학자. 그가 "本質"과 "位格"을 구별하여 1본질 3인격을 주장한 것은 불멸의 공헌이다. 그뿐 아니라 성령론, 그리스도론, 마리아론, 종말론 등에 걸쳐 신비주의 색채가 매우 짙다(『한국 가톨릭 대사전』, 1985. 참고).

여기서 "아버지"라는 말은 단순한 발음이 아니다. 그것은 한 인간의 존재 깊이에서 터져나온 무엇이다. 모든 것에서 벗어났을 때, 사람은 아무런 움직임 없는 영적 휴식에 잠겨 평화로이 쉬게 된다. 그러한 체험이 禪과는 아주 동떨어진 체험 같을 수 있으나 실은 유사한 점들이 많다 — 예를 들면 여러 기능들이 침묵하고, 깊은 쉼에 젖어들며, 벗어남과 통합이 이루어지는가 하면, 무아의 경지에서 "아버지"라는 말이 터져나온다. 그레고리우스 주교와 신비가들의 글을 깊이 읽노라면, 이러한 부르짖음이 경험적인 자아(ego)에서 나온 말이 아니라는 사실을 알게 된다(경험적 자아는 이미 사라지고 없다). 그것은 삼위일체의 사랑 안에서 성부께 자신을 봉헌하신 분의 부르짖음이요, "나는 살아 있지만 이미 내가 아니라 그리스도께서 내 안에 살고 계십니다"는 성 바울로의 말마따나 우리 안에 계시는 성자 그리스도께서 당신 아버지를 향해 외치신 부르짖음이다. 따라서 그리스도인의 기도는 삼위일체의 맥락에서 끝이 난다. 이는 전적으로 하나이신 존재 안에서 대화가 이루어진다는 대단한 역설로 끝을 맺는 것이다.

  그렇다면 동양은 하나를 강조해 왔고 서양은 다양성을 강조해 왔다고 말한다면 지나친 단순화인가? 과연 동양과 서양은 서로를 필요로 하는가? 혹 신비적인 동양은 모든 것이 하나라는 놀라운 길을 가르치는 한편, 과학적인 서양은 다양성과 여럿을 당당하게 고수해 왔다고 말하는 편이 나은가? 동양과 서양은 서로를 필요로 한다. 어쩌면 우리는 이런 식의 다루기 힘든 일반론을 겁내고 있는 것 같다. 그럼에도 불구하고 나는 이 방식대로 禪과 함께하는 대화를 생각해 보고 싶다.

---

6. 번역과 주해: Hilda C. Graef, *The Lord's Prayer* (London: Burns and Oates, 1954) p.37.

그리스도인의 참선 (1)

1970년 여름 동안 줄곧 나는 샌프란시스코에서 신비주의를 강의했다. 사람들은 나에게 말하기를 캘리포니아는 요가와 마술의 본고장이요, 禪과 마술, 마약과 나체 그리고 태양 아래 모든 것의 중심지라고 했다. 또 그곳은 온갖 스와미[1]들과 선사들과 구루와 초월 명상자들이 출현했다가 사라지는 곳이며, 메스칼린(환각제)을 집어삼킨 올더스 헉슬리의 유령이 나타나서 지복 직관(Beatific Vision)을 맛보았다고 주장하는 분위기라고 말했다. 간단히 말해, 캘리포니아는 진짜 신비주의의 고장이자 아울러 가짜 신비주의의 고장이라는 것이다. 나는 이 말이 사실인지 아닌지는 잘 모르겠다. 아무튼 나는 캘리포니아라는 광활한 장소에 사랑을 느꼈고, 기막히게 아름다운 빅 서[2]에 빠져든 느낌이었다. 지금도 내 마음 속엔 샌프란시스코에 대한 추억이 남아 있다.

나는 강의에 학술적인 지식의 티 ― 그러니까 신분에 따르는 의무 ― 를 내려고 고심했다. 하지만 그런 주제와 이론이 실천으로 보완되어야 함을 느꼈다. 나는 학생들을 초대했다. 그리고 누구든지 저녁마다 40분씩 좌선을 하고 싶은 사람은 와도 좋다고 말했다. 분명히 말하건대 참가자들을 신비론자로 바꾸려는 의도는 없었다. 단지 작은 체험을 하게 하고, 신비로운 고요(silentium mysticum)를

---

1. 힌두교의 학자 聖者에게 주어지는 존칭.
2. **Big Sur**: 미국 칼리 주 서부의 명승지. 태평양을 따라 **160km** 가량 뻗어 있는 바위 투성이 해안으로서 아름다운 경치를 자랑한다.

맛보게 하며 — 나는 이런 일이 가능하다고 믿는지라 — 생각과 상상과 갈망이 사라지고 내적 합일과 평화로 충만한 명상법을 소개하고 싶을 따름이었다. 그렇게 하자면 몇 가지 간단한 기술이 필요하고, 내가 잠시 동안 짤막한 설명을 보충해야 한다. 나는 그들이 올바로 앉을 수 있도록 최소한의 이론을 염두에 두기를 바랐다.

하지만 놀랍게도 오륙십 명이나 강좌에 참석했다. 그러고도 많은 인파가 계속 몰려들었다. 그래서 우리는 대학 강당에서 벽을 바라보고 앉아 無를 생각하기로 했다. 하지만 제대로 모양을 갖추지 못했기 때문에, 여러 가지 점에서 엔가쿠지(圓覺寺)나 에이헤이지(永平寺)의 엄숙한 선방에서 좌선하는 것만큼 인상적이지 않았다. 어떤 이들은 자부톤이라는 작고 근사한 좌선용 좌구(坐具)에다 방석과 담요를 깔기도 하는데, 이런 것은 그만두고 우리는 정연하고 틀이 잡힌 선사(禪寺)의 수련 분위기조차 갖추지 못하고 있었다. 게다가 서양인의 다리로는 도무지 결가부좌를 틀기가 쉽지 않아 등이 축 늘어지기 일쑤였다. 그런 상황 속에서도 고요한 침묵이 흘렀고 — 나중에 도착한 사람들은 이 분위기를 쉽게 느꼈거니와 — 일치감과 경건한 분위기가 맴돌았다. 몇몇 학생들이 "정좌"(正坐)가 자신들과 禪과 괴리를 느끼게 한다고 불평하는 바람에 우리는 잘 알려진 성가 "성령 안에 우리 하나, 주님 안에 우리 하나 …"를 부르며 끝을 고했다. 이 글을 쓰면서도 행복했던 지난날에 대한 향수의 아픔이 내게 밀려온다. 아무튼 그것이 첫 시도였으나, 그 일을 통해 나는 禪이 어떤 꼴과 모양을 가지든 그리스도교의 앞날에 희망을 줄 거라고 확신하게 되었다. 거듭 말하지만, 서양의 그리스도교는 이러한 것을 필요로 한다 — 서양인들도 이를 갈망하고 있다.

내가 예상한 것보다는 덜했지만 반대하는 무리들이 좀 있었다. 나는 그들의 마음을 이해할 수 있다. 공의회 정신이 선남선녀의 마음 속에 스며들기까지는 얼마간 시간이 소요된다. 그런데도 최근의

동양 종교의 유입이 캘리포니아 지역에 사는 소수의 완고한 그리스
도인을 당혹하게 만들지 않았음을 나는 곧 알게 되었다. 그들은 이
모든 일들을 필경 로마 제국의 「펠리니-사티리콘」[3] 종식이라는 범주
— 서양 세계의 종말이라는 묵시적 조짐 — 안에서 이해해야 할지,
그렇지 않으면 바티칸 공의회 이후의 이해와 협력과 사랑의 정신으
로 매사를 기쁘게 맞이해야 할지 전혀 모르고 있다. 몇몇 사람들이
나를 마치 그리스도교의 우상을 쓰러뜨리려고 노력하는 불교 선교
사쯤으로 여겨도 나는 놀라지 않았다. 나와 같은 보수적인 아일랜
드계 가톨릭 신자가 이런 취급을 당하는 것은 좀 가슴 아팠다. 그런
와중에서도 아일랜드 사람들은 나에게 작은 도움이 되어주었다. 나
는 내 고향 사람들이야말로 동양에서 불어온 영성의 잔잔한 바람에
그중 덜 깨어 있다고 늘 생각해 왔다. 그들은 결가부좌보다 "영광스
러운 패트릭 성인 만세"에 더 익숙하고, 맨발에 황색 천을 두른 중
〔僧〕이 심원한 동양에 대해 말하는 것을 보면 소스라치게 놀란다.
만약에 누군가가 禪이라는 상품을 팔고자 한다면 아일랜드 사투리
를 쓰는 것보다 독특한 독일어 억양을 사용하는 편이 이익을 챙기
기에 유리할 것이다. 미국에 사는 아일랜드인은 동양에 대한 연구
보다 아일랜드 커피에 더 공감대를 가진다. 그래서 아일랜드 사람
이 禪에 대해 말할 때 이를 들은 많은 사람들이 놀라움과 흥분을 감
추지 못했던 것이다. 아, 이런 상황에서 시간과 공간을 넘지 않고
어떻게 무(無)의 청정한 공기를 들어오게 할 수 있단 말인가?

　아무튼 오해의 소지가 다분했으므로 나는 "그리스도인의 참선"이
라고 이름짓고 명확하게 설명하는 편이 낫겠다고 생각했다. 그러나

---

3. *Fellini-Satyricon*: 이탈리아 영화감독 펠리니가 1969년에 만든 영화. 이 작품은
　주로 고대 로마의 작가 페트로니우스에게 영감을 얻었지만 아폴레이우스를 비롯한
　다른 작가들의 작품에도 의존하고 있다. 이 영화는 고대를 무대로 목적이 없는 젊
　은이들의 방랑을 이야기하고 있다. 펠리니는 역사적 정확성에는 관심을 두지 않
　고, 그리스도교 신앙과 원죄라는 개념이 생겨나기 전의 인간 조건을 탐구하려고
　애썼다.

유감스럽게도 이 책이 막 출판되었을 때 내가 "그리스도인의 참선"이라는 말을 잘못 사용했다는 소문이 쇄도했다. 나의 발언은 취소되어야만 했다. 확실히 말이란 항상 논쟁의 여지가 있다. 그래서 어떤 사람들은 말하기를 꺼린다. 그렇지만 아무리 생각해 보아도 나는 "그리스도인의 참선"이라는 용어가 의미있고 작품의 특색을 살려 준다고 보는 입장이다. 앞에서도 언급했다시피, 그리스도교 안에 禪이 존재한다고 인정한 몇몇 선승들의 말이 아마 가장 큰 논란거리인 듯하다. 확실하지는 않지만 그들은 우리의 품격이 불교도보다 뒤떨어진다고 이해했는지도 모른다 — 아니, 그들은 그렇게 인식하고 있다. 그렇다면, 그 말을 써서 안될 이유가 무엇인가? 아무튼 이제부터 어째서 내가 禪이라는 주제를 다루게 되었는지 그리고 몇몇 사람들이 이에 어떻게 반응했는지를 간략히 설명해 보겠다.

먼저 나는 禪과 선불교를 구별할 필요성을 느꼈다. 선불교는 불교의 한 종파다. 다시 말해 선불교는 6세기에 광동(廣東)에서 9년 동안 좌선해서 마침내 깨달음을 얻은 인도의 보리달마[4]로부터 유래한다. 끝장 볼 결심으로 얼마나 오랫동안 벽을 바라보고 앉았던지, 그의 양 팔과 다리가 다 떨어져 나갔다고 한다. 그래서 팔과 다리가 없이 참선하는 달마상을 일본의 이곳저곳에서 찾아볼 수 있다. 보리달마는 전설적인 인물로, 학자들의 주장에 의하면 禪은 대승 불교와 도교의 합류 지점에서 유래했다고 한다. 이 말은 분명히 禪이 인도에서 기원했다는 뜻이다. 산스크리트어 마야는 마쿄우[5]가 되고, 드야나[6]는 중국에서 찬(禪)이 되고 일본에서 젠(禪)이 되었으며, 삼

---

4. 菩提達磨는 摩訶迦葉을 시조로 하는 인도 불교의 제27祖 般若多羅의 제자로, 인도 불교의 제28조이다. 동시에 그는 중국에서는 최초의 祖師이다.

5. まきょう(魔境): 幻影이라는 뜻이다.

6. 드야나 禪이 불교의 명상법이라고 할 수 있듯이 드야나는 요가의 명상법이다. 불타가 수행한 아나파나사티(安般念, 數息觀)는 요가의 명상법이다. 불타 생존과 직후만 해도 禪이라는 것이 따로 존재하지 않았고 수많은 요가의 한 형태로 이해되고 불리었을 뿐이다.

마디[7]가 산마이(三昧)가 되는 등등. 선불교는 특별히 소우토우(曹洞)와 린자이(臨濟)라는 양대 종파에서 불후의 영예인 동시에 소우토우와 린자이는 지극히 순수하고 엄격하게 禪을 보존하고 발전시킨 장본인이다. 선불교에 대해서는 이쯤 해 두자.

한편 禪이라는 말은 명상이라는 뜻이다. 그러므로 禪을 불교에 한정시킬 필요가 없다. 禪은 낡은 명상이 아니다. 물론 근거를 찾고 생각하고 해결책을 모색하는 추리적인 명상도 아니다. 그보다는 의식의 상태에서 사물의 본질을 꿰뚫어보는 것이다. 그것은 구석구석 안 미치는 곳이 없다. 그래서 혹자는 禪이 걷고, 禪이 일하고, 禪이 먹고, 禪이 생활한다고 말할 정도다. 禪은 대상이 없는 명상이다. 나는 다른 데서 禪을 "수직 명상"(垂直瞑想)이라고 불렀다. 그 이유는 때때로 禪은 의식의 표면을 뚫고 영혼의 가장 깊은 곳 혹은 존재의 핵심으로 "점점 내려간다"고 표현되기 때문이다. 혹자는 생각과 심상(心象)에 주의하지 않아 마음의 표면만 스치고 중단한다. 혹자는 더 많은 활동을 하기 위해 그것을 쉽게 무시한다. 그리스도교에서는 그것을 명상보다 관상(觀想)이라는 용어로 부르는 편이 더 좋을 것 같다. 그것은 그리스도교의 탁월한 관상가들이 설명한 정신 훈련과 너무나 가깝기 때문이다. 禪에서도 마찬가지로 그것을 때때로 어둠, 비어 있음, 고요, 無라고 부른다. 한때는 그것을 "어두운 밤"이라고 불렀다. 그 이유는 그것이 특별히 고통스러워서라기보다 뚜렷한 생각과 상상이 배제된 상태이기 때문이다. 또 그것을 무지의 구름이라고 부르기도 했다. 그 이유는 상상과 생각으로 알 수 없는 구름 속에 있는 상태였기 때문이다. 어떤 때는 그것을 "無에 대한 생각"이라고 불렀다. 나는 이 말을 썩 좋아하지 않는다. 그 이유는 禪이나 관상이 바보짓이라는 오해를 초래할 수 있기 때문이다.

---

7. 삼마디: 한문에서는 三摩地ㆍ三摩耶ㆍ三昧 등으로 음사한다. 마음이 움직이지 않아 생각이 일어났다 꺼졌다 하지 않는 상태를 말한다.

썩 마음에 드는 용어가 바로 "초사유"(超思惟)이다.

　이 명상은 과거나 미래, 좌우, 위아래, 그 어느 것에도 매이지 않는다는 점에서 본질적이다. 혹자는 쉽게 현재 — 결가부좌 상태에서 아마 현재에 머물러 있다는 느낌이 들 것임 — 라고 하는 영원한 지금, 마치 두 장의 거울을 마주하듯, 실제와 직면한다. 그러다가 결국 이 모든 것은 어느 날 깨달음[正覺]의 체험으로 변화하게 될 것이다. 좌선은 신념을 곧장 뱃속까지 실어나르기 때문에 몸의 자세도 중요하다. 이 점이 서양식 기도와 크게 다르다. 과거에 서양식 기도는 지적인 성향이 강한 한편 인성(人性)에 깊이 뿌리내리지 못했다. 그 결과 대부분의 그리스도인과 심지어 수녀들과 사제들까지도 정신적 위기의 순간에 오랫동안 간직했던 신념들을 포기해 버리는 경우가 많았다. 만약 그들의 신념이 좌선을 통해 뱃속으로 전달되었더라면 아마 그러한 일은 일어나지 않았을 것이다.

　대체로 나는 이런 식으로 문제를 설명해 갔다. 실제로 좌선해 보지 않고는 禪을 알 수 없다거나, 체험을 대신할 만한 것은 아무것도 없다는 말을 더러 들었을 것이다. 어쩌면 이 말이 사실일 수 있다. 하지만 내가 만난 사람들은 실제로 좌선에 들어가기 전부터 아주 빠르게 짐작한다. 그들은 1세기 전에 살았던 사람들보다 훨씬 더 빨리 예상한다. 왜냐하면 1세기 전에 살았던 사람들에게 있어, 내적 어둠과 空에 대한 말은 너무나도 시시하고 지루한 이야기에 불과했다. 따라서 영성 작가들조차 기초적인 원리를 삭제하고 마지못해 이야기를 써나갔던 것이다. 그들은 거룩해질 수도 있고 악해질 수도 있는 정신생활의 분야, 여하튼 섬세하게 다뤄져야만 될 분야에 대해서 언급했다고 생각한다. 반면 현대인은 거기에 너무나도 익숙해 있다. 왜 그런가?

　한 가지 이유로, 정신분석학이 널리 보급되었기 때문이라고 나는 생각한다. 프로이트 학파의 혁신으로 인하여 많은 사람들이 자기들의 내적 흐름, 무의식적 불안, 유아적 고착, 고태형[8] 등등을 정확하게 알고 있다. 사람들은 거리낌없이 마음을 빙산의 일각으로 표현한다. 그들은 어렵지 않게 그들의 에너지가 禪과 같은 것에 의해 풀려나기 전까지 보통 잠들어 있다고 생각한다. 그들은 의식층을 거쳐 가장 밑바닥까지 꿰뚫는 명상법에 대한 이야기를 들을 때면, 어느 정도 전체 줄거리를 예상한다.

혹시라도 오해의 소지가 있을까 하여 언급하기가 꺼림칙하지만, 현대인이 禪의 취지를 더 쉽게 파악하는 둘째 이유가 있다. 어쨌든 그것은 약물의 남용이다. 나는 결코 약물을 지지하는 자가 아니다. 나는 자신을 약물의 실험 대상으로 만들고 싶지 않다. 그리고 약물로 인해 끔찍한 일들이 벌어질 것이라고 확신한다. 그렇지만 약물이 禪과 신비주의에서 발견할 수 있는 정신적 체험을 사람들에게 제공하는 듯하다. 내 이야기는 약물이 빚어내는 체험이 곧 禪과 똑같다는 말이 아니다 — 그렇지 않다, 둘 다 확실히 다른 효능을 지닌다 — 하지만 비슷한 심리 작용이 일어날 수 있다. 그 결과 약물을 복용하는 사람들은 禪을 조금 이해한다. 마음 속 깊은 곳은 파헤쳐 볼 만하다고 깨닫기 때문이다. 나는 언젠가 처음엔 약물로 시작했지만 종국에는 좌선에 이른 사람들의 이야기를 들은 적이 있다. 참으로 간절히 소망하던 바를 달성한 경우라 하지 않을 수 없다.

좌선을 어려워하는 숙고형 그리스도인들이 있다. 이 말은 편견을 가진 사람을 말하는 것이 아니라, 마음은 열려 있지만 갈피를 잡지 못하는 사람들을 두고 하는 말이다. 그들의 문제는 세 가지로 분류해 볼 수 있다.

첫째, 禪에서 하느님의 위치에 대한 전반적인 문제다. 이에 대해서는 앞서 말한 바 있어 다시 언급하지 않겠다.

---

8. 古態型(archetype): 어떤 民族이 先祖로부터 물려받아서 지니고 있는 무의식 심리의 型.

둘째, 禪에서 그리스도의 위치에 대한 문제다. 어떤 사람들은 그리스도인의 禪이 그리스도를 중심에 두어야 한다고 생각한다. 그렇다면 상상력이 배제된 캄캄한 空 속에서 그리스도는 어디에 계셨는가? 이는 중요한 문제다. 나 역시 그리스도인의 禪이 그리스도를 중심에 두어야 한다고 믿지만, 이 이야기는 다음 장을 위해 남겨두고 싶다.

셋째 문제는 여기서 다루어 보겠다. 어떤 이들은 이렇게 묻는다. 그렇다면 禪과 정적주의[9]는 어떻게 다릅니까?

정적주의라는 말은 사람들이 그 뜻을 잘 모르고 사용하는 단어들 가운데 하나다. 확실치는 않지만 내가 그것을 바로 이해한다면, 정적주의란 생각과 활동을 억누르는 입장을 취하면서 17세기의 관상기도에 슬그머니 다가간 무위(無爲)의 한 형태다. 틀림없이 정적주의는 참다운 것을 터무니없이 왜곡시킨 발상이었다. 그런데 비슷하게 왜곡된 형태들이 스릴을 맛보기 위해 안달하는 오늘날 존재한다는 것은 의심할 여지가 없다. 내가 이 문제를 반드시 집고 넘어가야 한다고 생각하는 이유인즉, 이것이 사람을 이전보다 더 우둔하게 만들고 종교적 의미는 전혀 찾아볼 수 없는 일종의 육체적 행복감에 젖어 편안한 침묵 속에 안주할 가능성이 확실하기 때문이다.

하지만 禪 문헌에서도 그리스도교 문헌 못지않게 그런 것들을 향한 비판을 아끼지 않는다. "본야리 젠"(ぼんやり ぜん)이란 "무위의 禪"이라는 뜻인데, 참된 선승들에게 거침없이 비난받는다. 선승들이 말하는 참다운 禪이란 무위와는 거리가 먼, 마음과 의지와 몸의

---

9. 靜寂主義(quietism) : 일명 Molinism이라고도 한다. 신학박사 학위를 받고 스페인 발렌시아 지방의 고해신부로 활동한 몰리노스는 그리스도교 완덕이란 죄악과 싸우는 인간의 활동이나 도덕성 등의 외적 행위에 의해 이뤄진다기보다는 자신을 완전히 하느님께 맡김으로써 도달하는 영혼의 정적 상태에서 완덕이 이뤄진다고 주장했다. 그리하여 그는 영혼의 정적 상태에 도달한 사람에게는 절제도 성사도 필요 없다고 했다. 교황 인노첸시우스 11세에 의해 몰리노스의 주장은 이단으로 배척되었다.

상상을 초월한 분투를 필요로 한다. 생각은 실제로 멈추지 않는다. 앞서 지적했다시피, 더 깊은 수준의 정신집중을 위해 의식의 표면은 무시된다. 바꾸어 말하자면, 혹자는 생각을 지워버리고 존재의 더 깊은 곳에 전념하려 하겠지만, 생각이 거기서 일어난다. 여기에 자기의 모습이 적나라하게 놓여 있다. 마음이 미쳐 날뛰도록 그냥 내버려 둔다고 해서 해결될 문제가 아니다. 깊이 내려가면 거기에 응축된 무엇이 있다. 이것은 고요하지만 힘차다. 참선을 하는 사람들은 온힘과 정력을 다해 여기에 도달하려고 애쓴다. 그러나 문제는 초탈에 있다. 이 문제는 우리가 검토해 보았다. 한마디로 정적주의는 그리스도교 관상에서도 그렇지만 禪의 장해라 할 수 있다. 禪은 정적주의적이지 않다는 말이 옳은 해석이다. 쿄우사쿠[10]라는 대나무 막대기로 맞아 본 사람이라면 이 말을 이해할 것이다.

　게다가 정적주의가 아무 일도 하지 않는 식으로 활동의 부정을 의미한다면, 분명 호된 노동을 강조하는 禪이 똑같은 비난을 받아서는 안된다. 사실 철저히 정신을 집중하고 온힘을 기울여 자기의 일을 한다는 것은 禪을 수행하는 한 형태이고 선방에서 좌선하는 것에 필적할 만큼 중요하다. 이는 선승들이 자주 하는 말이다.

　나아가, 더 광범위한 뜻으로 정적주의를 정의내려 보는 일도 생각해 봄 직하다. 그리스도인에게 있어 정적주의는 하느님이 아닌 무엇 안에서 쉼을 말한다. 한편 선불교도들에게 있어도 그것은 무엇 안에서 쉼을 뜻한다. 그리고 실제적인 목적에 있어 양측은 똑같은 것을 말하고 있다. 사실 끝까지 해내고 싶다면 반드시 無 안에서 쉬어야 한다. 無, 無, 無! 산에 오르더라도 無라고 십자가의 요한은

---

10. きょうさく(警策): 길이가 약 30센티미터쯤 됨. 대나무를 두 쪽으로 갈라지게 파는데 3분의 1은 가르지 않아 손잡이로 하고 갈라진 3분의 2를 이용하여 소리를 낸다. 즉, 오른손으로 잡고 왼손 손바닥에 쳐서 "착" 하는 소리를 내는 도구이다. 주로 좌선의 시작과 끝을 알릴 때 사용한다. 한편 졸고 있는 사람의 양 어깨를 때려서 잠을 쫓는 도구로도 사용한다.

말한다. 이 말은 포기를 뜻한다. 술과 담배를 포기하는 것이 아니라 모든 생각과 욕망 — 하느님에 대한 생각과 관념까지도 — 모든 환상, 감각적인 체험들 등을 포기하라는 말이다. 『가르멜 산에 오름』(*Ascent of Mount Carmel*)은 반드시 벗어버려야 할 모든 것, 특히 마음이 집착하는 달콤한 영적 체험들에 대해 자세히 설명했다. "만일 자기가 가진 모든 것을 버리지 않는다면, 그는 내 제자가 될 수 없다." 모든 것은 모든 것을 의미한다. 얼마나 자주 사람들은 삼매에 대한 즐거운 행복감에 애착하고 거기에 매달리며, 그 안에서 쉬는가. 그러나 이것은 정진을 가로막는 정적주의의 한 형태일 따름이다. 십자가의 요한은 이런 집착에 대해 이렇게 설파하고 있다. 그것은 새 발을 묶는 가는 실처럼, 평화로운 자유를 만끽하며 파아란 창공을 날아오르지 못하게 방해한다. 어떤 불교 작가는 이렇게 표현했다. 지하철 안에서 기차가 흔들릴 때마다, 우산에 몸을 기대고 서 있는 한 남자가 있다. 그는 우산을 놓고 난간을 붙들어야 한다 — 그렇지 않으면 그는 넘어질 것이다. 우산을 놓아라. 거기 매달리지 말라. 그렇지 않으면 앞으로 고꾸라질 것이다.

나는 불교도에게나 그리스도인에게나 진정한 신비주의의 기본 특성을 강조하기 위해서 이 글을 쓰고 있다. 그것은 無 안에서 휴식을 취하는 것이지, 아름다운 경험이나 짜릿한 흥분을 추구하는 것이 아니다. 하지만 이 점만은 기억하라. 포기는 정태(情態)의 한 면일 따름이다. 들판에는 숨겨진 보물이 있다. 엄청난 값이 나가는 진주다. 이를 찾기 위해서라면 고통도 가치가 있다.

그리스도인의 참선 (2)

나는 禪이 불교 이외의 종교에서도 발견된다는 몇몇 선승들의 의견을 다루어보고자 했다. 이 말이 사실이라면, 禪은 이미 그리스도교에도 있다는 말이 된다. 따라서 그 경우에 그리스도인의 임무는 그것을 찾아내어 계발하고, 동양의 협조를 얻어 우리 시대에 연관시키는 일이 될 것이다. 그렇다면 그리스도교의 전통 안에서 禪의 위치는 어디인가?

고백하건대 나는 禪이 불교에서와 마찬가지로 그리스도교 안에도 똑같은 형태로 발견된다고 공식적으로 표명하기를 꺼린다. 왜냐하면 내 말은 단순한 의견에 불과하겠지만 내 말을 듣는 사람들이라면, 그리스도인이든 불교도이든 누구나 몹시 혼란스러워할 것이기 때문이다. 내가 행여나 친구를 모조리 잃어버리지나 않을까 특별히 걱정하는 것은 아니다. 그렇지만 내가 조심스럽게 말하고 싶은 것은, 그리스도교에 삼매가 존재하며, 또한 그것이 항상 서양의 영성에서 명예로운 자리를 점유해 왔다는 점이다. 이것이 禪과 가장 근접한 점이라고 나는 확신한다. 또한 내가 그리스도인의 참선이라고 부른 점도 바로 이때문이다.

나는 중세 유럽의 비옥한 토양에 뿌리박고 위대한 영성학파들 속에서 꽃피웠던 이 삼매에 대해 간략히 말한 바 있다. 중세의 위대한 영성학파로는 시토회, 도미니코회, 가르멜회, 프란치스코회 등등이 있었다. 그후 빅토리아조(朝)가 왔고 — 라인란트(Rhineland) 지방과 플란더스(Flanders) 지방은 물론 완고한 옛 잉글랜드 지역에도 신비주의 학파가 있었다. 그리고 우리에게 『필로칼리아』[1]를 건네주었고, 마음의 기도를 가르쳤던 위대한 동방교회(Orthodox)도 빼놓을 수 없다. 이 모든 학파들이 그들 나름대로 관상적 침묵과 평화로 다가서는 길, 말과 상상과 생각과 욕망을 초월하는 방법을 가지고 있었다. 관상적 체험은 다양한 이름으로 알려졌다. 『무지의 구름』의 저자는 이를 "맹목적인 사랑의 설레임"이라는 말로 아름답게 묘사한다. 그것은 어떠한 생각이나 상상을 지니지 않고, 단지 無와 같은 것이기 때문에 맹목적이다. 그것은 침묵 속에서 섬세하고 단순한 사랑의 내적 움직임일 따름이다. 게다가 같은 저자가 이를 "적나라한 의지의 지향"이라고 말하고 있다. 의지란 사랑의 요소를 가리키고, 한편 적나라함 혹은 발가벗음이라는 용어는 그리스도교의 기도에서 전통적으로 모든 것에서 완전히 벗어난 상태, 심지어 생각과 상상과 욕망마저 벗어던진 상태를 가리킬 때 사용된다고 말한다. "반드시 있는 그대로 다 드러내라"고 영국 작가는 그의 제자에게 일러준다. 그는 하느님께 다가가기 위해서 아무것도 "걸치지 말라"고 재차 강조한다. 어떤 작가들은 이것을 "신비스런 고요"(silentium mysticum)라고 말하면서, 모든 생각과 말 너머에 절묘한 침묵의 세계가 있다고 암시한다. 또 이것은 "영적인 잠"이라고 불려지기도 한다. 왜냐하면 삶의 장대한 향연(饗宴)에 가장 중요한 몫을 담당하는 다른 감미로운 잠처럼, 영적인 잠이 깊이와 평온함과 힘을 가지고 있기 때문이다. 십자가의 요한 — 나의 탁월한 구루 — 은 이를 "사랑의 산 불꽃"이라 불렀다. 그 이유는 점점 힘차게 타오르는 불꽃이 자기의 존재 전체를 점유하고, 마침내는 온전히 자기를 잊어버리고 물아일체(物我一體)에 이르게 한다는 삼매의 역동적인 특성

---

1. *Philokalia*: 그리스와 러시아에 있는 동방교회의 수도자들이 수세기 동안 사용한 기도 안내서. 3세기부터 중세기에 이르는 동방 수도원의 교부의 말을 인용한 名文集으로 전부 "마음의 기도" 혹은 "예수의 기도"에 관한 것이다.

과 관계가 있기 때문이다. 같은 저자는 이것이 깊은 삼매의 상태를 나타내는 영적 발가벗음을 의미하거나 혹은 생각의 부재를 의미하기 때문에 어두운 밤과 연관시킨다. 더 일찍이 이 말을 한 작가가 있으니, 그가 곧 디오니시우스(Dionysius)다.

> 진지하게 신비적 관상을 실행하기 위해, 감각과 지성의 작용을 끊어버리고, 감각과 지성이 인지할 수 있는 모든 것을 초월하라. 그리고 존재하지 않는 모든 것과 존재하는 모든 것을 무시하고, 오직 모든 사물을 능가하시고 모든 앎을 능가하시는 그분과 하나 되기 위해 가능한 한 무지 속에서 근원을 향해 온 힘을 기울여라. 당신 자신과 모든 것으로부터 꾸준히 그리고 철저히 물러남으로써, 모든 것을 포기하고 모든 것에서 해방됨으로써, 당신은 모든 존재를 능가하시는 하느님의 어둠의 빛살로 이끌려질 것이다.

하느님의 어둠의 빛살은 십자가의 요한이 대표자라 할 수 있는 아포패틱 신비주의 전체를 명쾌하게 관통한다. 그의 자매 데레사는 덜 어두웠다. 그녀에게 삼매는 존재의 가장 깊은 곳에 자리한 영혼의 성(城) 가운데서 발견된다.[2] 그녀는 듣고, 만지고, 맛보는 내적·영적 감각에 대해 언급함으로써, 이렇게 내적 침묵의 비어 있음에 풍미를 더한다.

각 영성학파들마다 고유한 접근방법이 있으나, 한 가지 공통점은 하느님의 사랑을 강조했다는 점이다. 물론 기본적인 직관은 성서에서 유래하는데, 특히 하느님을 사랑하는 사람은 하느님을 알고, 하느님을 사랑하지 않는 사람은 하느님을 알지 못한다는 말씀에서 유래한다. 깨달음은 사랑의 결실이요, 그것은 마치 촛불과 같아 사람

---

2. 이를 『영혼의 성』에서는 "탈혼 상태"라고 표현한다.

들이 볼 수 있도록 빛을 비춘다. "여러분의 초에 불을 붙이십시오"라고 『무지의 구름』의 저자는 말하며, 하느님의 사랑인 거대한 불꽃으로 우리의 마음을 밝게 비추라고 권한다. 어쨌든 사랑은 사람들을 이끌어 삼매가 발견되고 — 나는 이것이 사람끼리의 사랑에도 적용된다고 여김 — 지혜가 우러나오는 마음의 차원으로 내려가게끔 돕는다. 관상 그 자체는 정확히 사랑이 아니라 지혜였기 때문이다 — 곧, 중세의 그리스도교가 그토록 숭상했던 아름다운 지혜(sapientia). "누구든지 나를 사랑한다면 그는 나의 아버지의 사랑을 받을 것이요, 우리는 성령을 보내겠다. …" 지혜의 성령은 사랑하는 자에게 주어진 것이었다.

사람들에게 삼매를 소개하는 기법에 있어서, 서양의 전통과 禪은 상당히 달랐다. 서양의 전통에는 결가부좌가 없고, 몸 자세에 관한 말도 거의 없었다. 하지만 호흡에 관해서는 상당한 관심이 있었던 것 같다. 특히 동방교회와 아토스 산을 중심으로 퍼져나갔던 전통에서 그렇다. 그러나 이 가운데 대부분이 소실되었거나 잊혀졌고, 게다가 서양의 전통은 전체가 되기보다 점점 더 머리에 의존하게 만든다. 사람들은 성서를 읽으면서 묵상을 익히게 되었고, 성서 내용에 비추어 성찰했다. 점차 이렇게 두서없는 묵상법이 더 단순한 것 — 어떤 염원이나 말을 계속 되풀이하는 것 — 으로 발전했고, 마침내는 묵언(默言)과 초개념적 침묵, 즉 관상 — 원한다면 그리스도교 삼매로 바꾸어 말해도 무방함 — 으로 전개되었다. 이것이 정신기도에 심혈을 기울인 사람이면 반드시 도달해야 할 단계였다. 그것이 묵상의 일반적인 발달 과정이었다.

이 방법은 내가 작은 집들이 다닥다닥 붙어 있는 곳을 떠나 수련소에 들어가서 — 또는 수도회에 입회해서 — 배운 묵상법이기도 하다. 나는 성서와 성서에 관련된 책을 가지고서 씹고 곱씹어서 소화시키고 기도하라고 배웠다. 처음에는 이 방법이 아주 근사했다.

그래서 누구에게나 이 방법으로 시작해 보라고 권하기까지 했다. 그 당시 내 유일한 불만거리는 종교적 서열에 대한 것이었고, 지금도 종교적 서열에 대해서는 배울 점이 하나도 없다고 생각한다. 여러 과정을 거쳐 삼매로 사람들을 이끈 중세의 옛 전통은 대체로 사라지고 없었다. 이 방법만이 사람들에게 초개념적 기도 양식을 소개한 관례는 아니었다. 그런데다 "신비주의"에 대해 말하자면, 그것도 좋은 방책은 아니었다. 물론 많은 사람들이 그렇게 하는 것처럼 우연히 삼매를 발견한다거나 혹은 힘껏 분발하여 거기에 도달한다면, 그 무엇도 그들을 막지 못했지만, 노련한 지도와 효과적인 기법은 크게 결여되어 있었다.

올더스 헉슬리와 그밖의 사람들은 19세기 유럽의 신비주의를 정중히 거절한 예수회를 비난하면서, 관상보다는 수학 쪽에 가까운 기도를 가르치던 이냐시오의 아들들을 고발했다. 하지만 이 일도 전적으로 공평하지는 못했다. 다른 요인들이 작용하고 있었기 때문이다. 한 예로, 과거의 수도생활을 황폐화시킨 그릇된 신비주의의 여파를 고려해서, 신비주의에 대한 건전한 지양(止揚)이 신중히 고려되었던 것이다. 그 당시에는 그 시대의 정신(Zeitgeist)이 있었다. 그것은 언제나 수도원들을 힘겹게 만들었다 ― 마치 오늘날의 방임적인 사회가 수도원들을 힘겹게 만드는 것처럼. 20세기에 들어와, 개념과 상상과 수학과 이상(理想)이 숭상받고, 대신 신비적 지혜의 고요한 어둠이 갈피잡지 못하는 이유인즉 과학주의 풍조와 합리주의 경향과 교조주의(敎條主義) 때문이다. 이 모두가 신비적 전통을 방해했다. 덧붙여 최근 십 년 동안, 서양인의 인내력이 감퇴된 점도 한 요인이다. 이제 그렇게 많은 수도회들이 각기 나름대로의 신비주의와 고유한 통찰력을 상실해 버린 이유가 이해될 것이다.

바로 이 시점에서 禪과 다른 형태의 동양 신비주의가 서서히 등장하고 있다. 나는 그것이 우리에게 무엇인가 말해줄 것이라고 확신한다. 그리고 비틀거리는 수도회로 하여금 문제점들을 다시 한번 되새기고 변화를 시도해 보도록 도울 거라고 믿는다. 아울러 그것은 그리스도교 평신도들이 삼매에 들도록 도울 수 있다. 만약 서양이 동양에서 이러한 현상을 직시하고, 동양의 보고(寶庫)에서 간절히 배우고자 한다면, 다음의 둘 중 한 쪽의 태도를 선택할 수 있다.

먼저, 전적으로 동양적이기 위해서 자기 식의 전통을 포기하는 길이다. 과거의 위대한 거인들을 무시하고, 선승의 문하생이 되어 보리달마 시대로부터, 더 나아가 부처 시대로부터 수세대에 걸쳐 전수되어 온 깨달음을 얻으려고 갖은 노력을 다하는 것이다. 이런 식으로 그는 동양 불교의 흐름을 만끽한다. 그리고 그가 그리스도인이라면, 자기의 깨달음을 그리스도교 체제에 인용해 볼 수 있겠다. 몇몇 서양인들은 이렇게 하고 있다.

하지만 나는 이런 시도를 하지 않는다. 어쩌면 융(Jung)과 엘리엇(Eliot)이 전통의 힘과 그 고태형(archetype)들의 힘을 나의 뼛속 깊이 느끼게 해주었기 때문인지 모른다. 그것들은 내 안에 깊숙이 자리하고 있다. 융은 禪과 요가에 열중해 있었다. 그런데도 그는 이 동양의 방식이 다른 전통과 다른 고태형들을 가지고 있는 서양의 남성과 여성들에게 적합하지 않다고 주장했다. 또 서양은 그리스도교의 탄생과 더불어 생겨난 자기 나름대로의 요가를 가지고 있다는 유명한 말을 남겼다. 이 점에 있어서, 나는 그가 카리스마적 예언력을 가지고 있는 인물이며, 그의 말은 조만간 성취되리라고 생각한다. 한편 엘리엇도 융과 더불어 과거는 현존한다는 말을 우리에게 남겨주었다 — 과거는 우리 안에 살아 있으며, 우리의 일부를 이루고, 우리를 뒷받침해 주고 있다는 것. 만약 이 말이 사실이라면, 자기의 과거를 내팽개치고 다른 것으로 대신할 수 있는가? 과연 서양의 고태형들을 버리고, 그 대신 동양의 고태형들로 바꾸어놓을 수 있는가? 내 경우 그 일은 불가능하다. 나는 20여 년을 동양에서 살고 있으며 일본을 아주 깊이 사랑하지만, 아직까지도 나는 서양인이고 더욱이 어쩔 수 없이 아일랜드인임을 통감한다. 이 말은 내가 지닌 전통이 우월하다는 말이 아니다 — 나는 절대로 그렇게 생각하지 않는다 — 단지 사실 그렇다는 말이다.

이때문에 정신적으로 실제적인 방안인즉, 서양식 전통의 흐름을 유지하면서 다른 전통을 통하여 선한 것과 가치로운 것을 겸손되이 받아들이는 것이라고 나는 늘 생각해 왔다. 특별히 도미니코회나 프란치스코회, 예수회 등 위대한 수도회들의 업적을 봐도 그렇다. 그들은 자신들이 잃어버렸던 신비적 전통을 되찾았고, 그것을 동양에서 제공해 준 영적 통찰력으로 풍요롭게 가꾸어 나갔다. 이는 수학을 가르치고, 데모에 참여하고, 바자회를 준비하는 등의 활동을 통해 얻는 사도적 기쁨을 포기하라는 뜻일 것이다. 하지만 희생은 확실히 그만한 가치가 있다.

나는 이 수혈 — 우리가 동양에서 배울 점을 배우고 이를 지난 과거와 통합시키는 일 — 에 대하여 이미 앞장에서 언급한 바 있다. 하지만 몇 마디 더 첨가해 두고 싶다. 천 년 이상이나 뒷걸음쳐 왔고 지금은 시급히 쇄신 작업을 필요로 하는 그리스도교 관상의 전통이 禪과 과연 연관을 맺으면서 새로워질 수 있을까? 나는 무엇보다도 우선 禪과 같은 것들이 우리를 새롭게 변화시키며, 그리스도교 신비주의의 기초가 되는 수많은 신학들에서 신화적인 요소를 제거시켜 줄 것이라고 믿는다. 이 말의 뜻을 부연하겠다.

유대-그리스도교 전통은 잘 알려진 바대로 지극히 신(神)중심적이다. 만사가 하느님께 달려 있다. 그 근원은 상당량이 성서에서 유래하는데, 모든 것을 야훼의 인도하심으로 연관짓는다. 비가 오면 이는 야훼께서 하신 일이다. 어떤 이가 타락의 길을 걷는 것도 야훼께서 그의 마음을 완고하게 하셨기 때문이고, 사람이 죽는 것도 야훼께서 내치셨기 때문이다. 이런 식이다. 이 모두가 인간에게 보내는 하느님의 전갈에 많은 역점을 둔 해석이다. 아브라함과 모세와 바울로의 위대한 체험들을 보라. 도무지 자기 자신의 수고와 극기와 기도로 해낸 일이 아무것도 없다고 말한다. 모두가 야훼의 선물이었다. 이 의식이 그리스도교의 신비주의 전통을 이끌어왔던 것이다. 만사가 하느님께서 하신 일이고, 인간의 활동은 전혀 관심 밖의 일이었다. 내가 말한 그리스도교 삼매는 주부적 관상이라는 이름으로 통한다. 왜냐하면 그것은 오직 하느님만이 인간에게 줄 수 있는 순수한 선물이었기 때문이다.

이것이 정통설이다. 근본적으로 이 말은 실로 타당하다. 그리고 히브리인들이 모든 것을 하느님께 돌린 것은 옳았다. 하지만 신비주의 소산으로 사람들은 자기의 능력 계발을 게을리하게 되었다. 그뿐 아니라 이런 현상은 지극히 인간중심적인 현대인에게는 호소력이 없다. 그리고 하느님이라는 말을 — 쓸데없이 — 되풀이하는 방식이 현대인의 정서에는 좀처럼 맞지 않는다. 현대인은 온갖 부차적인 이유를 들어가며, 자연계 안에서 일어나는 하느님의 활동을 비신화했기 때문에, 줄곧 하느님의 직접적인 활동에 집착하고 완고할 만큼 신중심적인 그리스도교의 신비이론에 어려움을 느낀다.

이와는 반대로, 禪은 지극히 인간중심적이고 실존적이다. 그냥 앉아 있으라고 말하고, 일을 사랑하라고 말한다. 강의는 등과 눈과 배와 관련된 내용들이다. 아주 실제적인 방식을 통해 과다한 이론을 익히지 않아도 삼매에 도달하게 된다. 요구되는 것은 바로 우리가 불성(佛性)을 지니고 있으며 깨달음이 가능하다는 믿음뿐이다.

그리스도교와는 뭔가 다르다. 수득적 관상과 주부적 관상이라는 용어, 일상 기도와 특별 기도라는 용어, 무상으로 주어진 은총(gratia gratis data)과 성취시키는 은총(gratia gratum faciens)이라는 말 — 이런 복잡한 용어들이 적절한 시기에 조용히 사라질 수 있다. 사실 이런 것들은 필요치 않다. 왜냐하면 경험 그 자체는 아주 단순하고 복잡하지 않기 때문이다. 내 생각에 우리는 관상이라는 말을 없애고 그 대신 "그리스도인의 삼매(三昧)"를 사용하면 좋겠다. 그 결과 이 말을 사용하는 다른 영성 전통과 우리가 일치하는 계기가 되겠기 때문이다. 게다가 관상이라는 말은 라틴어요, 이는 그리스어 "테오리아"[3]의 번역이다. 굳이 그리스도인들이 헬레니즘의 어휘를 고집해야만 하겠는가?

모든 사람들이 이해하는 말을 사용하고 그들이 실행할 수 있는 기법을 사용함으로써, 사람들에게 그리스도인의 삼매를 소개하는 일은 가능해질 것이다. 이는 그리스도교에 크나큰 이익이 아닐 수 없다 — 특별히 로사리오 기도, 십자가의 길, 9일기도, 그리고 과거에 민중의 신앙심을 떠받쳐준 모든 신심 행위에 홍미를 잃어버린 가톨릭 교회에는 큰 은혜가 아닐 수 없다. 여타의 신심 행위들이 좋은 지향을 가진 사람들을 단순한 관상으로 인도하는 것처럼 여겨질 수 있다. 지난날의 그리스도교 관상은 지식인을 위한 것이었다 — 프란치스코회원들, 예수회원들, 도미니코회원들, 내가 언급한 바 있는 자격있는 사람들을 위한 것이었다. 그러나 가련한 평신도들과 하층계급의 사람들은 뒷전에 밀려나 있었다. 이제 더 이상 그렇게 되어서는 안된다. 전례(典禮)가 모든 이를 수용하면서 활짝 열려 있듯이, 관상도 활짝 열릴 수 있다. 대중의 그리스도교와 수도원의 그리스도교를 갈라놓았던 비통의 벽이 무너져 내림으로써, 모든 이가 통찰력을 가질 것이요, 모든 이가 삼매에 이를 것이다.

말할 필요도 없이 가난한 프란치스코회원들이나, 지혜로운 도미니코회원들이나, 영특한 예수회원들 그리고 그외의 사람들의 역할이 행복한 종말을 맞이한다. 아니, 이제부터 그들은 대중에게 본을 보이는 관상가가 되어야 한다. 이런 식으로 공동체와 세상에 크게

---

3. *theoria: theoreo*(내가 보다, 내가 관찰하다)라는 동사의 명사형으로 주시, 관찰의 뜻을 가진다.

기여할 수 있다. 그럼에도 불구하고 그들이 세상 사람들이 더 잘할 수 있는 일들을 계속해 나간다면, 그들의 존재는 사라지고 말 것이다. 더 이상 그들은 존재할 이유도 없으며 사회와는 하등 관련없는 자가 될 것이다. 그리고 다른 사람들이 그들의 자리를 차지할 것이다.

그 리 스 도

그리스도인들에게 禪에 대해 말하면서 나 스스로가 깜짝 놀랄 질문에 봉착하게 된다. "그렇다면 그리스도는 어떻게 되는가? 사고를 초월한 虛, 空, 어둠에 과연 그리스도가 어울리는 인물인가?"

이것은 분명하고 피할 수 없는 물음이다. 그리스도교에 대해 유치원생 수준의 이해력을 가지고 있는 자라 해도 그리스도가 모든 것의 중심이요, 그리스도를 빼놓는 일이야말로 중대한 배신 행위라는 것을 알 것이다. 그렇게 된다면, 사람들은 자연히 그리스도교 기도를 경계한다. 아무리 無의 어둠 속으로 들어가기 위함이라 해도, 성서를 배제하는 듯하고 — 말과 문자에 의존하지 않는다는 뜻 — 생각과 그리스도의 이미지를 삭제해 버리는 것 같기 때문이다. 물론 이 모든 일이 그리스도인의 禪에 대해서 이러쿵저러쿵 말이 많은 사람들에게는 실로 엄청난 도전이다.

만약 그리스도인의 禪이 단지 禪이 아니라 그리스도교적이기 위해서라면, 마땅히 그리스도 중심적이어야 하고 어떻게든지 성서를 기초로 해야 한다고 믿는다. 그러나 禪을 통해서 우리가 그리스도께 다가가는 새로운 방식, 즉 덜 이원론적이고 더 동양적인 새로운 접근방식을 찾지 못하면 어쩌나 하고 나 자신에게 자문해 본다. 이 말은 좀 이상하게 들릴지는 몰라도 아주 타당성있는 발상이라고 생각한다.

자! 내가 전에 말하려고 했던 것을 돌이켜보겠다. 대화란 불교도와 그리스도교도가 화기애애한 분위기 속에서 녹차를 마시며 앉아 초교파적인 의도를 가지고 즐거운 담화를 주고받는 것을 뜻하지 않는다. 그것은 그들이 서로의 마음을 가라앉히고 서로에게서 무언가를 배운다는 것을 뜻한다. 그들은 새로운 생각, 새로운 자세, 새로운 통찰력을 얻는다. 그리고 내가 지금 말하려는 것도 바로 이것이다: 불교를 통해 우리는 그리스도께 다가가기 위한 새로운 통찰력을 얻을 수 있다는 것이다.

우리가 이러한 유형의 것에 마음의 문을 열어야 하는 이유인즉, 우리의 선조들이 그렇게 했기 때문이다. 그리스도교 역시 유대의 것으로 출발했지만, 아우구스티누스와 그레고리우스 그리고 그밖의 사람들은 유대이즘에서 생겨난 것들을 곧이곧대로 받아들이지 않았다. 그들은 그리스 문화 속에서 살았다; 그들은 그리스의 통찰력을 유대교의 계시에 적용시킴으로써, 그리스도교가 성장했고 풍요로워졌다. 아우구스티누스와 그레고리우스가 유대로부터 모든 것을 다 받아들이지 않았는데, 어째서 동양이 우리에게서 모든 것을 낱낱이 받아들여야 하는지 그 이유를 모르겠다. 동양은 그들 나름대로 통찰력을 가질 것이요, 그들 고유의 태도를 취할 것이며 — 마치 그리스 문화가 그러했던 것처럼 그리스도교에 한몫 할 것이다.

이 말은 만약 우리가 禪을 통해 그리스도께 간다면, 우리는 아리스토텔레스를 통해 가는 사람들과는 다른 방식으로 그분을 찾게 된다는 뜻이다. 나는 고린토인들에게 보내는 둘째 편지에서 바울로가 모세의 얼굴과 예수의 얼굴에 깃든 하느님의 영광에 대해 말한 구절을 참 좋아한다. 얼마나 찬란한 광휘와 신성한 힘이 넘쳐나고 있는가! 우리 보잘것없는 서양인들이 그 영광을 모두 보았다고 생각하는가? 우리는 그 아름다움을 샅샅이 밝혀냈노라고 주장하는가? 우리는 그 지혜를 모두 파헤쳤노라고 생각하는가? 절대로 그렇지 않다. 그리스도의 얼굴에는 아직까지 밝혀지지 않은 무수히 많은 면모가 있다; 그분의 목소리에는 서양인들이 한 번도 들어보지 못한 풍부하고 힘찬 성량이 담겨 있다; 그분의 눈은 지혜의 연못이라서 서양인들의 눈으로는 결코 가늠하지 못한다. 자, 이제 동양이 이 모든 아름다움을 밝혀내고 서양이 놓쳐버린 것들을 찾아낼 차례이다. 얼마나 짜릿한 모험인가! 한 사람의 이방인에 지나지 않는 외국인인 내가 이 신비로운 동양에서 20년이라는 세월을 보내고, 예수의 얼굴에 깃든 하느님의 영광을 위해 새로운 접근방식에 대해서 몇 마디 더듬더듬 읊고 있지 않은가.

언젠가 나는 절[寺]에서 나이 지긋한 훌륭한 선사의 말을 들은 적이 있다. 주제는 "말과 생각에 사로잡히지 않음"이었다. 전통적인 불교식 직유법을 써서 그가 말하기를, 말[言]이란 달[月]을 가리키는 손가락과 같은 것이라고 했다. 손가락에 집착하다 보면 너희는 결코 달을 보지 못할 것이다. 나는 이 말이 참으로 이치에 맞는 진실이라고 생각했다. 어떤 말이든, 심지어 성서의 말씀까지도, 말이란 어떤 것을 가리키는 손가락인 것이다. 우리가 말에 집착하는 한, 우리는 결코 실제 모습을 보지 못할 것이다.

그리고 서양인은 역시 말하기를 좋아하고 마치 좋아하는 장난감을 꼭 움켜쥐려 하는 어린이처럼 말에 집착한다. 서양인은 자기의 생각, 이미지, 모양, 기계 그리고 컴퓨터에 집착하고, 이 모든 것들이 달을 가리키는 손가락임을 간과한다. 오늘날 그의 주된 문제는 대중 전달매체와 세속화된 도시에 말려들어 몸을 망치면서도 이것들이 단지 가리키는 손가락임을 등한시하는 것이다. 이러한 태도를 성서에 대입시켜 보자면, 단어와 문구에 집착하는 경우이다. 그들은 하느님 대신 하느님의 이미지와 개념을 숭배할 우려가 있다. 괴상한 형태의 우상숭배가 아닐 수 없다.

내가 여기서 지적하고 싶은 점은 그리스도의 말과 생각과 이미지는 그리스도가 아니라는 것이다. 자, 우리는 생각을 떠나서도 그리스도를 알 수 있다는 가능성을 한번 깊이 생각해 보자 ― 곧, 생각을 초월한 어둠과 空과 虛의 상태에서도 그리스도를 알 수 있다는 것이다. 성서가 손가락이라면 — 우리에게 손가락이 있어야 하는 것처럼 성서도 있어야 함 — 그리스도는 달이다. 우리는 너무나 손가락에 열중해 있지 말자. 그렇지 않으면 달을 놓치고 말 것이다.

또 禪에서 전해 오는 이야기로, 스즈끼 박사에 대해 조금이라도 알고 있는 사람 같으면 다음과 같은 유명한 격언을 들어 보았을 것이다: "부처를 만난다면, 죽여버려라!"[1] 이 말은 흔히 종교적이거나 성스러운 것들에 대한 모독적인 거부 행위처럼 생각된다 — 때때로 禪이 신성불가침의 영역을 전혀 인정하지 않고, 부처까지도 거룩한 존재로 받아들이지 않는다는 것을 입증하는 것처럼.

하지만 나는 그런 식으로 이해하지 않는다. 나는 이렇게 해석하고 싶다. "만약 당신이 부처를 본다면, 당신이 본 것은 부처가 아니오. 따라서 그를 죽여라!" 바탕에 깔려 있는 생각이 달을 가리키는 손가락 이야기와 다르지 않다. 여러분이 알고 있거나 들었거나 느끼고 있는 어떤 것 — 절대적인 어떤 것 — 은 진짜가 아니다. 그것을 없애버려라! 그것은 단지 달을 가리키는 손가락에 불과하다. 그것이 아주 소중하게 여겨질 수도 있다; 하지만 여러분의 오른손이 불미스런 일을 저지른다면 그 손을 잘라버려라.

그런데 나는 여기에 그리스도인에게 시사해 주는 점이 있다고 생각한다. 합당하고 경건하게 이해가 된 상황에서, 이렇게 말할 수 있다. "만약 당신이 그리스도를 만난다면, 그를 죽여라!" 그리고 뜻은 이렇다: "당신이 본 것은 그리스도가 아니다."

---

1. 이 말은 스즈끼 박사가 곧잘 인용한 말이다. 원전은 『무문관』 제1칙이다.
　　"驀然打發하면 驚天動地호대 如奪得關將軍大刀入手하여 逢佛殺佛하고 逢祖殺祖하여 於生死竿頭에 得大自在하여 向六道四生中하여 遊戲三昧하리라."
　　〔역〕맥연타발하면 경천동지하리라. 관우 장군의 대도를 탈취하여 입수함과 같아서 불(佛)을 만나면 불을 살하고 조사(祖師)를 만나면 조사를 살하여 생사간두에 있어서 대자재를 얻고 六道四생 중 유희삼매하리라(무문혜개, 『무문관』, 이희익 역, 경서원, 1985년, 41쪽에서 베껴씀).

　물론 죽인다는 비유는 어지간히 문제를 잔인하게 과장시킨 경우다. 앞서 언급했다시피, 생각과 상상과 형상도 손가락만큼이나 필요한 것들이다. 그리고 그것들을 송두리째 없애버린다는 것은 옳은 생각이 아니다. 다른 한편으로 부처-살해의 도식은 명상에 대한 실제적인 가르침이라는 의미를 지닌다. 만약 여러분이 여러분의 불성을 깨닫고자 한다면, 생각의 대상인 부처를 없애라. 그리고 동시에, 만약 여러분이 여러분의 존재 한가운데 살아 계시는 내면의 그리스도와 관상적 합일에 이르고자 한다면, 그리스도에 대한 이미지를 없애라고 말할 수 있다.

　요컨대 결론인즉 이렇다. 그리스도에 대한 이미지와 생각을 굳이 없앨 필요가 없다. 가을 달에서 풍기는 맑고도 청아한 아름다움에 매료되어 손가락에 대해 잊어버린 단계에 이르게 된다면 말이다. 그리고 만약 그렇다면, 여러분은 얼마나 행복할까! 여러분은 칙칙한 플라톤(Platon)의 동굴을 빠져나와 쾌적한 양지 쪽으로 간다. 다시는 비열하고 잡스런 상인들이 여러분을 개념화라는 음산한 지옥으로 끌어들이지 못하게 하라. 거기에 끼여들지 말라. 여러분의 삼매를 즐겨라. 그리스도께서 여러분과 함께 계시다.

　지금 나는 몇몇 독자들이 별 생각 없이 다음과 같이 생각하는 광경을 그려본다. 그들의 말인즉, 사실 우리는 그리스도에 대한 이미지를 가질 수 있다; 마태오와 마르코와 루가와 요한을 지도한 영원한 갈릴래아 사람의 상(像)을 가지고 있을 수 있다. 어쨌든 우리는 그분의 초상화를 가지고 있지 않은가? 그렇다면 마치 쓰레기를 내버리듯 어떻게 이미지와 생각을 창 밖으로 내던질 수 있는가? 나는 이 질문에 대해서 생각은 쓰레기가 아니라, 달을 가리키는 손가락이라고 다시 답변하련다.

　그리스도는 달이다. 왜냐하면 복음서를 쓴 사람들이 역사적인 시각에서 예수를 ― 우리가 실제로 생각하고 있는 예수의 개념을 ―

보도록 했을 뿐만 아니라, 부활하신 그리스도, 우주적 그리스도, 태초부터 계셨던 그리스도에 대해서도 보도록 독자들을 유도했기 때문이다. 그리고 그분이야말로 모든 이미지와 모든 생각, 모든 이상과 심상(心象) 밖에 계신 분이다. 부활하신 그리스도는 개념을 훨씬 초월하여 계시기 때문에 우리는 표현할 수 없는 것을 표현하려고 온갖 노력을 기울이는 바울로의 노고를 안다. 바울로는 예수에 대해 이렇게 기록한다:

> 그분은 모든 조물의 맏이시로다.
> 과연 하늘과 땅 위에 있는 만물은
> 그분 안에서 창조되었도다.
> 보이는 것들과 보이지 않는 것들,
> 권좌들이나 주권들이나
> 권력들이나 권세들이나
> 만물은 그분으로 말미암아,
> 그분을 위해서 창조되었도다.
> 그분은 만물에 앞서 계시고
> 만물은 그분 안에서 존속하는도다(골로 1,15-17).

여기서 바울로가 생각과 이미지로 표현 가능한 어떤 단순한 실물에 대해 말하고 있다고 누구라도 넘겨짚어서는 안된다! 그는 부활하시기 전 지상에서 산 예수에 대해 말하고 있는 것이 아니다. 바울로에게 있어, 그리스도는 "불가사의한" 분 혹은 "신비로운" 분 혹은 무엇이라고 이름하고 싶은 그런 분이기에, 바울로는 손가락으로 아무도 알아보지 못하는 달을 계속 가리키고 있다. 불쌍한 학자들이 그의 손가락에 모두 사로잡혀 있었으나, 반면 신비가들은 달에 마음을 기울였다.

살아 계시고 부활하신 바울로의 그리스도는 언제나 인간과 함께 계시는 분이요, 알 수 없는 분이요, 전세계와 공존하시고, 인간의 텅 빈 마음 속에 자리해 계시는 분이다. 바울로에게 있어 가장 중요한 것은 바울로 자신이 아니라 그리스도다. 바울로는 살아 있지만 이미 그가 아니라 그리스도께서 그 안에 살고 계시다. "압바, 아버지"라고 외친 이는 바울로가 아니라, 그 안에 계신 그리스도의 성령이시다. 바울로에게 있어 사는 것도 죽는 것도 그리스도를 위한 것인지라 — 그에게 삶과 죽음은 다를 바 없다. 이것이 바울로에게 사실이라면 믿는 이에게도 사실이다. 자기에게서 가장 중요한 것은 자기 자신이 아니라 그리스도이시다.

바울로는 "믿음을 통하여 여러분 마음 속에 그리스도께서 머물도록 해주시기를 빕니다"고 기도하면서 에페소인들에게 이와 같은 것을 말하려고 한 것 같다. 여기서 "마음"이라는 말은 그리스어의 직역이다.[2] 하지만 유대에서 태어나고 자란 바울로는 존재의 핵심, 가장 깊은 자기를 의미하는 히브리 말을 마음에 두었던 것이다. 그렇듯 바울로에게 있어 그리스도는 개념과 이미지와 생각과 장소를 초월한 분이다. 만약 우리가 그리스도를 어디엔가 모시고 싶다면, 반드시 생각의 발원지에 그분을 모셔둘 일이다. 왜냐하면 그분은 우리가 태어나기 전부터 우리의 본래 얼굴을 지니고 계시기 때문이다. 그런 까닭에 바울로는 세상이 창조되기 전부터 우리가 그리스도를 통해 선택받았다고 말하는 것이다.

한걸음 더 나아가자. 만약 그리스도께서 실재의 중심에 계시고 마음의 가장 깊은 곳에 자리해 계시다면 — 그분이 참된 자기와 어느 정도 닮은 모습을 하고 계시다면, 아무리 생각해 보아도 우리는 그분을 알지 못할 때가 있을 것이다. 왜냐하면 더 이상 나-당신의

---

2. 에페소서 **3,17**의 말씀인데, 여기서 "마음"은 그리스어 *karsia*의 번역이다.

관계가 존재하지 않기 때문이다. 우리 마음의 가장 깊은 영역에 속하는 본성이 주체-객체의 구분 없이 움직이고, 부추기고, 격려하고, 이끄는지라 ─ 바울로는 그리스도의 사랑이 우리를 재촉한다고 말한다. 그렇게 말한 사람은 바울로만이 아니다. 루가도 사도들이 임금들과 총독들 앞으로 끌려나갈지라도 지나치게 궁리하지 말라고 하신 예수의 말씀을 우리에게 들려준다.

"그러니 여러분 마음에 새겨 두시오. 여러분은 변론할 말을 미리 생각하지 마시오. 내가 여러분에게 구변과 지혜를 줄 터인데, 여러분을 반대하는 사람들은 모두 그 지혜에 맞서거나 반박할 수 없을 것입니다"(루가 21.14-15). 재판관이나 처형자들 앞에 끌려나가도 "예수께서 지금 무얼하고 계시나?" 하고 의혹을 일으켜서는 안된다. 이런 식의 이원론적 관념은 모두 집어치워라. 해답이 바로 당신의 내면, 즉 가장 중요한 것이 놓여 있는 당신의 내면에서 나오고 있기 때문이다. 여기에 예수와 禪이 함께 있다. 추리하지 말라. 곰곰히 생각하지 말라. 해답은 우리 존재의 한 부분에서 나오고 있다. 하지만 당신은 그것이 존재하는 것조차 거의 모르고 있다.

나는 바울로에 대해서도 말했고 루가에 대해서도 한 마디 했다; 이번엔 요한에 대해서 말할 차례다. 탁월한 요한, 예수께서 사랑하시던 제자 요한은 ─ 참으로 예수의 영광에 대해 아주 멋들어진 감각을 지닌 사람이다! "우리는 그분의 영광을 보았다. …"(요한 1.14). 요한에게 있어 예수는 "참다운" 모든 것, 그리스 말로 "알레티노스"[3]였다. 예수는 참된 포도나무요, 참된 신랑이요, 참된 길이요, 참된 생명이요, 진리 그 자체이다. 그분은 진짜 포도나무요, 우리가 보는 다른 포도나무는 2등급에 속하는 모조품에 불과하다. 여기에 모든 것의 중심이시고 부활하신 그리스도의 우주적 측면을 시

─────────────

3. *alethinos*: 원형은 *alethes*(참된)이다.

적(詩的)으로 표현한 구절이 있다. "내가 땅에서부터 들어올려지게 되면 모든 사람을 내게로 이끌어 올 것입니다"(요한 12,32).

나는 우주적 그리스도에 관해 말할 때 한 쪽으로 치우치지 않으려 하는데, 이처럼 거꾸로 뒤집힌 세상에서 형평을 유지하기란 쉽지 않은 일이다. 내 말은 살아 계신 그리스도에 대한 열정을 지닌 신학자들마저, 우주적 그리스도와 역사적 그리스도간의 고리를 자르는 경향이 있다는 뜻이다. 그들은 틀림없이 이것을 적절하고 초교파적인 미덕이라고 생각하는데 이유인즉, 만약 우주적 그리스도가 역사적 그리스도로부터 잘려져 나간다면, 우주적 그리스도는 만물에 충만한 불성(佛性)과 일치할 터이고, 따라서 누구나 달콤한 행복감을 느끼고 초교파적 일치를 누릴 것이라고 속단하기 때문이다. 슬프도다, 하지만 만사는 그렇게 쉽게 돌아가지 않는다. 만사가 이런 식으로 쉽사리 해결되면, 아무리 그가 참된 불교도이고 그리스도인이라 해도 행복감을 느끼지 못한다. 바울로나 요한이나 루가, 그밖의 인물을 조금이라도 신뢰하는 사람이라면, 누구나 우주적 그리스도야말로 자신의 생명을 바치신 역사적 예수라는 사실을 안다. 신약성서의 설교에서 두드러진 것이 있다면, 그것은 한때 십자가에 못박혀 돌아가신 예수가 이제 살아 계시다는 사실이다 ― 심지어 아무리 저명한 성서 해석학자일지라도 성서에서 나자렛 예수와 모든 것의 으뜸이신 그리스도간의 불연계성을 밝혀내지 못할 것이다. 나는 우리 시대의 신학적 창공을 오염시키는 상당량의 영지주의적 우견(愚見)들과 동일시될까 염려되어 위의 말들을 강조하고 싶은 것이다.

어쨌든 인간의 마음 가장 깊은 곳에 계시는 그리스도의 우주적 측면 쪽으로 화제를 돌리건대, 이것은 그리스도인의 명상생활에 엄청난 영향을 끼칠 수 있는 것이다. 이 말은 곧 명상이 평신도 그리스도인의 기도의 본질을 왜곡시켜 왔던 나-당신이라는 방식에 한정

될 필요가 없음을 뜻한다. 나-당신의 접근 자체를 배제하자는 말이 아니다. 그것은 언제나 존재하고 있다. 하지만 그것이 전부가 아니다. 여기서 우리는 禪 명상의 그리스도 중심적 방향에 관해 간략히 살펴보고자 한다.

출발점은 성서가 되겠고, 그것은 읽혀지거나 들려지거나 전례(典禮)를 통해 체험되어야 마땅하다. 성서는 소홀히해서는 안되는 기초요, 이것이 없다면 그리스도인의 명상은 존재하지 못한다. 그리고 우리가 선방에서 명상을 한다 해도 — 곧 그렇게 되길 나는 희망한다 — 성서와 전례와 신앙의 기운이 감돌아야 하며, 그렇지 못할 때 침묵은 말만 사라진 침묵이 될 뿐, 신비로운 空의 극치를 맛볼 수는 없다. 게다가 첫 단계에는 명상이 — 특히 서양인들에게 — 이원론적이거나 합리주의적으로 될 수도 있고, 또는 여러분이 이름하고 싶은 어떤 것이 될 수 있고, 그러다가 전통적으로 그리스도교 기도의 중심인 하느님과 나누는 대화가 될 수 있다. 사도 바울로는 이원론적 방법으로 시작했다. 그는 다마스커스로 가는 길에서 그리스도와 대화하기 시작했고, 그래서 나-당신의 접근 시도가 필립비인들에게 그대로 전수된 것 같다. 거기서 바울로는 고린토 지협 경기대회에 출전한 육상선수처럼 그리스도를 바라보고 달린다. 만약 그리스도인으로서 그리스도를 바라보고 달리는 바울로의 발자취를 추적하고 싶다면 — 글쎄, 그것도 괜찮겠지만, 그러나 禪 수행을 계속하고 싶다면, 사고 과정이 단순해야 하고, 말을 줄여야 하고, 이원론은 신비스런 고요인 텅 빈 空에 자리를 양보해야 한다. 그때야 비로소 그는 禪 같은 것 — "게도우 젠"(外道禪)을 수행하는 것이다. 그는 손가락을 치워버리고 달을 바라보기 시작한다. 비록 아직까지는 — 달이 무지의 구름 너머에 있기 때문에 — 달을 보지 못한다 하더라도, 거기에 마음이 이끌리고, 손가락에 관한 경건한 성찰들에 얽매이길 꺼린다. 그는 그 섬세하고도 우아한 아름다움과 비단

결 같은 부드러움에 끌려 들어가길 원치 않는다. 그 아름다움은 이제 그를 고요한 달빛에서 멀어지게 만드는 유혹거리가 될 것이다. 그것은 무엇인가를 보았고 독자들 역시 그것을 보게 되기를 원했던 깨달은 사람들 — 마태오, 마르코, 루가, 요한 — 의 손가락이다. "내가 이 글을 쓰는 이유는 여러분으로 하여금 믿게 하려는 것입니다"(요한 35,19). 따라서 손가락을 잊어버리고, 어떤 것을 애타게 갈망하지도 말고, 달에 숨겨진 고요한 아름다움을 향해 시선을 모으자. 그때 그는 바울로의 빼어난 글에서 드러난 것처럼, 자기의 인생이 하느님 안에서 그리스도와 더불어 감춰져 있다는 사실을 발견한다. 자기도 감춰져 있고, 그리스도도 숨어 계시고, 단지 하느님만이 남아 계시다〔이것이 바로 나의 노(老)선사가 내게 들려준 말의 숨은 뜻이다〕. 만약 당신이 여기에 해당된다면, 당신은 대단히 힘차게 존재한다는 사실을 기억하라; 거기에 그리스도께서도 아주 힘차게 존재하신다; 그렇다 할지라도 당신은 자기 자신을 의식하지 못하고 그리스도도 의식하지 못한다 — 왜냐하면 당신의 인생이 하느님 안에서 그리스도와 더불어 감춰져 있기 때문이다. 그리하여 깨달음에 이르게 된다. 손가락이 가리키는 곳을 향할 때, 바로 거기에 깨달음이 있다. 압바, 아버지!

공안(公案)

이따금 사람들은 禪은 미친 짓이니 거기에 빠져 있는 사람이라면, 그 사람의 머리를 검사해 보아야 한다고 말한다. 여기서 이 비난에 대하여 반박하거나 혹은 실증하는 작업은 내 의도가 아니다. 왜냐하면 여타의 사항들은 뒷전에 둔 채 정신 상태가 정상이니 어쩌니 하고 변론하는 일은 어느 누구에게도 어떠한 방법으로든 설득력이 없기 때문이다. 내가 하고 싶은 일은, 표면상 禪을 구성하는 미친 요소들 가운데 하나처럼 보이는 공안에 대해 검토해 보는 일이다.

공안[1]을 글자 그대로 해석하면 "공적 문안"(公的文案)이라는 뜻이나, 실제 禪에서 공안은 공적 문안과 아무 관계가 없고[2](여기서 우리는 불합리성이라는 첫 향연을 벌인다), 단순히 역설적인 문제를 뜻할 때 사용된다. 공안은 마음의 눈앞에 상정된 문제요, 더 정확히 말하자면, 단전(丹田)으로 생각하는 문제요, 좌선할 때만이 아니라 매순간 풀어야 하는 문제이고, 마침내 깨달음에 도달할 때까지 풀어야 하는 숙제다. 공안은 이성으로 풀리지 않는 문제지만 ― 모든

---

1. 公案을 일컬어 古則, 話頭라고도 한다. 불가의 공안은 모두 합하여 일반적으로 1,700개라고 한다. 공안을 수록하고 있는 책으로는 『종경록』·『보림전』·『경덕 전 등록』·『조당집』·『오등회원』·『무문관』·『벽암록』 등이 있다.

2. 사실 공안이라는 말의 원래 뜻은 국경을 넘나들 때 사용하는 관문의 증거 문서이다. 법안의 「宗門十規論」에는 "… 상응하여, 관문의 증거 문서에 부합하는 것처럼 딱 결말이 지어지는 바가 있다"라고 기록되어 있다. 禪에서의 공안이란 깨달음을 판가름하는 역설적인 話頭를 말한다. 그래서 깨달은 스승이 제자에게 공안을 제시했을 때 적절한 대답을 할 수 있다는 것은 선의 국경, 즉 깨달음의 경계를 넘었다는 뜻이 된다. 禪의 공안이라는 말은 이처럼 격의된 것이다(柳田聖山, 『禪의 사상과 역사』, 안영길·추만호 옮김, 1989 참고).

논리를 거부하고, 공안과 하나가 되는 과정에서 풀린다. 자신을 잊고 공안마저 잊고 오직 공안이 사는 것이다. 禪에는 공안과 맞붙어 전력을 다한 사람들에 관한 재미난 일화가 많다. 한 예로 공안을 푼 승려가 "자, 어떻습니까! 저는 당신과 진배없습니다"라고 하면서 나이 든 스승의 얼굴을 후려갈겼다는 이야기가 있다.

공안에 대한 몇 가지 보기를 들어본다.

당신이 태어나기 전, 당신의 본래 얼굴[本來面目]은 무엇인가?

혹은

우리는 손뼉칠 때의 소리를 알고 있다,

그렇다면 한쪽 손의 소리는 어떠한가?[3]

혹은

무(無)![4]

이 역설적인 문제들에 대한 명상은 명쾌한 해답을 찾아내기까지 대단한 고통을 수반하는 일이 보통이다. 해답은 어떠한 논리와도 무관하며 지금까지의 각자의 경험과 전혀 동떨어져 있다. 선문답(禪問答)에 관해 몇 가지 예를 들어보겠다.

한 중이 동산[5]에게 물었다. "부처란 무엇입니까?"

"마(麻) 삼 근(斤)"이니라.[6]

혹은

---

3. 이를 척수(隻手) 공안이라고 하는데, 일본의 하꾸인 선사(白隱禪師)가 제자들을 일깨우기 위해 창출한 것이다.

4. 『무문관』 제1칙 趙州狗子 공안을 말하는 것임. "한 중이 조주에게 묻기를 개에게도 불성이 있습니까 하니 조주가 답하였다. '無!'"
   [원문] 趙州和尙이 因 僧問하되 狗子還有佛性也 無니까. 州云 無하다.

5. 여기에 등장하는 洞山은 조동종의 개조인 동산 양개 선사가 아니고 운문문언 승려 문하의 수초중혜 선사를 말한다.

한 중이 조주[7]에게 물었다. "초조[8]께서 중국으로 간 이유는 무엇입니까?"[9]

"뜰 앞에 잣나무"이니라.[10]

*

공안은 오늘날 많은 서양인들의 마음을 사로잡고 있다. 아마도 그 이유는 수십 년 동안 불합리한 것 속에 담겨 있는 지혜가 호평을 받아 왔고, 현재에도 계속 추앙받고 있기 때문일 것이다. 이 일에 내 동포 제임스 조이스[11]가 일익을 담당했다고 생각하지 않을 수 없다. 그의 말기 작품을 살펴보면, 공안처럼 느껴지는 요소들이 아주 많다. 조이스가 일본에서 인기있는 것은 결코 우연이 아니다. 그리고 적지않은 일본 지성인들이 아일랜드를 방문하는 길에 클론고우스에 가서 그 위대한 인간이 박해자들로부터 고난을 겪던 장소를 생각에

---

6. 『무문관』 18칙에 나오는 동산삼근의 내용. 『벽암록』 제12칙과 같은 내용이다.
   〔원문〕 洞山和尙이 因 僧問하되 如何是佛이니꼬. 山云하되 麻三斤이라 하다.

7. 趙州 (778~897): 중국 河北省 서부 趙州縣 觀音院의 주지였던 從諗 선사를 말한다. 臨濟의 법손인 남전보원의 문하로 20년간 있다가, 80세에 이르기까지 각처를 떠돌아다녔다고 전한다. 당대 선계의 거물이었다. 중국에서는 사람의 이름을 부를 때 그 지방의 지명이나 산명 또는 강 이름 등을 따서 불렀던 풍습이 있었는데, 조주라는 이름도 조주라는 지명에서 유래한다.

8. 중국 初祖는 인도 불교의 27조 般若多羅의 제자인 제28조 달마 대사를 말한다.

9. 중국 선종의 初祖 달마 대사가 인도로부터 중국에 와서 불교를 대혁신했다. 경전이나 모든 글이 소용이 없다 하여 不立文字와 곧바로 마음을 깨달으라는 直指人心, 깨달아 부처가 되라는 見性成佛을 표방했다. 그의 문하에서 많은 祖師들이 나왔고 그리하여 사람마다 다투어서 묵은 불교를 버리고 이 새로운 진리를 배우려고 했다. 그러므로 "달마가 서쪽에서 온 뜻"(초조께서 중국으로 간 이유와 같음)이라는 말은 달마가 전하여 온 특별한 진리, 즉 "진리란 무엇인가?"라는 물음과 같은 뜻이다.

10. 『무문관』 37칙. 정전백수자 공안이다.
    〔원문〕 趙州 因 僧問하되 如何是祖師西來意니꼬. 趙州云하되 庭前栢樹子니라.

11. **James Joyce(1882~1941)**: 아일랜드 소설가이며 시인. 그는 그리스어 · 라틴어 · 프랑스어 · 이탈리아어 · 독일어 등 각국어에 통달했을 뿐 아니라 일찍부터 입센 · 셰익스피어 · 단테, 엘리자베스조(朝) 시인 플로베르 등을 탐독했으며, 아리스토텔레스 · 토마스 아퀴나스 · 비코 등의 철학을 흡수했다. 그는 2차 세계대전 취리히로 가던 중 병사했다.

잠겨 바라보는 일도 우연이 아니다. 나는 조이스에게 감탄한 나머지 넋을 잃을 정도는 아니다. 내가 보기에 그는 괴짜이거나 장난꾸러기인 것 같다. 그런 까닭에 일본인들이 내게 "아일랜드 사람요? 아, 제임스 조이스!"라고 말할 때 당황해하곤 했다. 조이스는 괴짜 중에도 재미있는 괴짜다. 설사 이 사실이 알려진다 해도, 나는「율리시즈」와『피네간스 웨이크』[12]에서 등장하는 엉뚱한 공안 — 그것들은 공안이 아니므로 공안이라고 칭하면 안되지만 — 을 자랑스럽게 여길 것이라고 내심 생각한다. 나는 그가 장난을 좋아했으며 그의 작품 해설서에서 풍기는 엄숙함에 조소를 보냈으리라 생각한다. 어쨌든 이것은 모든 공안 창출자들이 즐기는 유혹이며, 내 추측에 — 틀릴 수도 있지만 — 스즈끼 박사같이 훌륭한 분들도 이따금 장난을 즐기는 것 같다.

아무튼 공안은 불가해한 문제이다. 한때 나는 공안이 추론적인 사고의 상층부에서 작동하여 마음에 갈등을 일으키고, 나아가 더 깊은 마음의 영역에까지 영향을 미치는 장치라고 생각했다. 지금도 여전히 나는 공안이 그러한 기능을 가지고 있다고 생각하는데, 내가 오사카(大阪)에서 열린 엑스포 '70을 보러 갔을 때 나는 그것을 어렴풋이 깨달았다. 나는 일본의 남부 지방을 여행하는 도중, 꽉 짜여진 일정을 잠시 뒤로 미루어 두고, 몇 시간에 걸쳐 세계 곳곳에서 온 복잡하고 거대한 전시품들을 감상했다. 인상적인 것은 모든 것이 사이키델릭조(調)로 이루어져 있다는 점이다. 째지는 듯한 음악 소리, 번쩍번쩍한 색상, 뱅글뱅글 도는 영상, 현란한 도안들 등등 … 나는 이런 의문이 생겼다. 만일 현자 아리스토텔레스가 다 낡은

---

12. *Ulysses*는 1922년 발표한 소설로 심리소설의 효시가 되었다. 이 작품의 일부를 미국 잡지『리틀 리뷰』에 발표했는데 풍기상 유해하다는 이유로 고소당하기도 했다. 그의 작품은 독일어와 프랑스어로 번역되었을 뿐만 아니라 작품 해설서도 잇달아 출간되었다. *Finnegan's Wake*는 진일보한 의식의 흐름의 수법이 종횡으로 구사된 명작으로 꼽힌다.

외투를 걸치고 이 바빌론 거리를 거닐게 된다면, 과연 그는 이 모든 현상을 어떻게 생각할까? 『형이상학』에 한 장을 더하려고 마음먹을까? 아니면 이리저리 떠돌며 동양의 매력을 흩뿌리는 예쁘장한 일본인 안내원들을 향해 도와 달라고 비명을 지를까? 거기에는 아리스토텔레스가 지구와 달을 꿰뚫었던 그런 추론적인 지성이 등장할 기미가 거의 없었다. "이게 도대체 어찌된 영문이오?" 하고 물어보았자 소용이 없음을 나는 즉시 알아챘다. 접근방식이 잘못되었을 뿐이었다. 나는 이해하기 위해서가 아니라, 경험을 얻고 자극을 얻기 위해서 거기 들어가야 한다. 이 점이 내가 엑스포 '70 박람회를 통해 알게 된 것이다. 나는 예쁘장한 안내원들을 향해 비명을 지르지 않았지만 나의 형이상학에 한 장을 더 보탰다.

엑스포 '70이 하나의 커다란 공안이라고 말할 수는 없지만 내게는 그것이 공안처럼 여겨졌다. 지금 나는 공안이 추론적 지성 — 나는 항상 불쌍한 아리스토텔레스를 도마 위에 얹어놓는다 — 으로는 포착하지 못하는 사이키델릭한 지혜를 담고 있다고 생각한다. 공안의 취지를 파악하기 위해서는 마치 엑스포 '70 박람회장으로 들어가듯이 그 안으로 들어가야 한다. 공안과 하나가 되어야 하고 공안으로 살아야 한다. 그것은 온통 역설로 차 있고 삶의 고뇌와 존재의 모순으로 가득 차 있기 때문이다. 오로지 처절할 정도로 고통스러운 모순을 통과해 생존함으로써, 비로소 이원론을 극복할 수 있고 깨달음을 얻어 환희의 삶을 살 수 있을 것이다. 만약 공안을 잘 참구한다면, 그것은 보통 물아일체(物我一體) 혹은 이른바 — 내 생각과는 다르지만 — 일원론에 이르게 한다. 예를 들어 "한 손으로 칠 때의 소리"는 분명히 분리된 것을 합일로 이끌고 있다. 물론 공안은 자기 존재의 중심, 존재의 핵심으로 인도한다. "본래 면목" 공안은 확실히 모든 생각이 일어나는 마음의 표면에서 마음의 심연으로 이끄는 공안이다. 그래서 이 공안을 참구하는 사람은 사념이 끊임없이 부글거리는 지점을 출발하여 생각의 근원지에 도달한다. 여기에 본래의 얼굴이 있다. 이것이 "큰 자기"이다.

그렇지만 다시 강조하건대 추론적 이성과 사고 혹은 삼단논법으로는 거기에 도달하지 못한다. 이 지혜는 평상시에 잠재해 있는 더 심원한 기능에 의해서만 간파될 수 있다. 특별히 인간의 어떤 기능들은 라디오나 텔리비전, 오렌지 주스와 스테이크로 말미암아 무뎌져 거의 한 세대 동안이나 잠재적으로만 존재하는 경우도 있다. 공안은 각자의 내면 안에서 신비로운 기능들이 움직이게끔 유인하고, 우리 모두 안에 잠재해 있는 역설적이고도 앞뒤가 뒤바뀐 사이키델릭한 지혜의 새 차원을 열어준다. 이 신비로운 기능들을 멋지게 활용하기 위해서, 우리는 잡동사니로 꽉 차 있는 마음을 말끔히 청소해야 한다. 우리는 현대식 생활용품들을 긁어모으느라 정신이 딴 곳에 팔려 있다. 공안의 기능은 마음을 정화시키고 지혜로 인도하는 데 있다. 어쩌면 그것은 철학이나 과학보다 오히려 예술과 공통점이 있는 것 같다. 엘리엇이나 뭇 사람들이 말한 대로, 참된 예술은 이해하기에 앞서 통교가 가능하다 ─「황무지」[13]라는 작품이 정말 그러하다고 한다. 많은 사람이 이 시(詩)를 알고 있지만 정녕 그 시를 낱낱이 이해하는 사람이 있다면, 나는 그를 찾아가 문하생이 되고 싶다. 나는 학생들과 함께 그 시를 여러 번 읽어 보았다. 그리고 시를 읽는 일을 굉장히 즐겼지만 ─ 아마 공동체적 각성을 조금 맛본 것 같다 ─ 시를 완전히 이해하지는 못했다. 예술에는 의미가 없다, 예술은 예술일 뿐이다라고 비평가들이 말하는 소리를 들었을 때 나는 그 말이 무슨 뜻인지 알게 되었다. 공안에도 똑같이 적용해 볼 수 있겠다. 공안엔 의미가 없다. 그것은 그것일 뿐이다. 그것은 모순과 고뇌와 존재의 불합리를 먹고 산다.

---

13. *The Waste Land*: 엘리엇이 1922년 발표한 시.

나는 때때로 이 공안들이 현대의 그리스도교와 어떤 관련이 있는지 자문해 본다. 한때는 서로가 무관한 것처럼 보였고, 내 친구의 의견도 나와 같았다. 우리는 도무지 그것의 취지를 파악하지 못했다. 어쩌면 교육 탓도 좀 있었던 것 같다. 우리가 받은 교육은 먼저 신성한 예술가께서 꾸며놓은 우주의 질서와 조화를 보게 하고, 부차적으로 무질서와 고뇌와 모순과 고통 ― 이 모두를 우리는 고통의 문제라고 부름 ― 을 접하게 한다. 어쨌든 공안을 풀어보려고 하기는커녕, 그것을 회피해 버리려고 마음먹는다. 우리는 공안 수행을 크게 강조하는 린자이 禪을 피하고 소우토우 禪 쪽으로 관심을 기울였다. 그것은 그저 가만히 앉아 있다는 뜻의 "시칸타자"[14] 쪽에 가깝다. 아무튼 나는 마음을 바꾸어 ― 나는 종종 사리에 맞는 짓을 한다 ― 공안 시도란 엄청나게 가치있는 무엇인가를 담고 있다는 결론을 내리게 된 것이다. 나는 그것이 그리스도교의 성서를 이해하고 성서적 역설에 기초한 명상을 지도하는 데 도움이 된다고 생각한다. 그렇다면 그리스도교의 성서에서 공안에 상응할 만한 것이 막연하게나마 존재하는가?

내가 보기에 사도 바울로는 고금을 통하여 위대한 공안 창출자들 가운데 한 사람인 것 같다. 따라서 바울로가 노린 것을 얻은 사람은 상당히 깨달은 사람 축에 든다. 예를 들어 고린토인들에게 보낸 첫째 편지 전반부를 보자. 여기서 바울로는 십자가에 처형되신 그리스도가 유대인들에게는 아주 무모한 걸림돌이요, 이방인들에게도 마찬가지이지만 깨달은 사람에게 가장 참다운 지혜라고 언급한다(1고린 1.23.24). 이것이 공안이다. 정신나간 것 같아 보이지만 사실은 그렇지 않다. 십자가를 계속해서 몇 시간 동안 바라보고 또 이

---

14. 祇管打坐: "祇管"은 대나무 통으로 사물을 바라보듯 일정한 초점에 시력을 집중시킨다는 의미이고, "打"는 강조의 뜻으로 쓰인 말이고 "坐"는 앉는다는 뜻이다. 즉, 정좌를 의미한다. 그러니까 한결같이 잡념을 버리고 정좌하는 것을 지관타좌라고 한다. 이말은 只管打坐로도 쓰인다.

일을 몇 번이든지 되풀이하는 그리스도인이라면 가슴이 터질 것 같은 공안에 접하게 될 것이다. 그가 직면하게 되는 것은 십자가에 처형되신 하느님의 불합리함이 아니라, 자기 자신과 인류가 겪고 있는 고통의 부조리이다. 모든 것이 불합리하다. 이것이 십자가에 처형되신 일그러진 인물에 관한 요약이다. 따라서 추론과 생각으로 이해하고자 노력하지 말라. 오직 그것과 하나가 되고 그 고뇌와 고통을 몸으로 체험하라. 그러면 십자가와 고투를 벌인 끝에 마침내 넌센스 같아 보이는 것을 통하여 깨달음에 이르게 될 것이다. 그런 다음 부활이 온다. 어떤 이들은 수난하시는 그리스도의 처절한 고뇌에서 합일을 발견했다.

이런 식으로 헤시카스트들[15]의 유명한 "예수 기도"[16]도 예수라는 낱말을 호흡과 더불어 리드미컬하게 암송함으로써 공안으로 활용할 수 있겠다. 예수라는 말 안에 온갖 모순과 고통과 인류의 번민 등이 집합되어 있다. 예수는 많은 이들의 흥망을 주도한 위대한 고태형의 인물이다. 동시에 그분은 모순의 상징이다. 예수와 함께 죽음으로써, 부활과 예수의 깨달음을 얻는다.

이 모든 점이 처음 등장했을 때만큼 불교와 그리 동떨어진 이야기가 아니다. 언젠가 소승불교의 한 학인(學人)은 자기 스승에게 다음과 같이 질문한 적이 있다고 한다. "어떤 부류의 사람이 완전한 깨달음을 얻는 축에 들겠습니까? 과연 어떤 사람이라야 합니까?" 그 갑작스런 질문에 스승은 이렇게 응수했다. "모름지기 모든 사람들에게 조롱과 비웃음과 멸시를 받는 사람들일 것이다." 십자가에 처형당한 야훼의 종, 살해당한 소크라테스, 멸시받는 선사. 그들은 곧

---

15. Hesychasts: 14세기에 그리스의 아토스 산의 수도자들을 일컫는 말이다. 이들은 신비주의를 일으켜 Hesychasm이라고 하며, "마음의 기도" 혹은 "예수 기도"를 통하여 수련했다.

16. 각자의 존재의 바탕에 늘 현존하시는 예수의 이름을 간직하는 습관은 고대 수도자들에게 있어 생각을 제어하고 유혹을 이기는 비결이기도 했다

가련한 인류의 공안 역사인 선(善)이 악한 어리석음의 박해를 받는 크게 모순된 그림 속에 등장하는 주인공들이 아닌가?

　복음서에도 공안이 수두룩하다. 너의 눈을 빼어 버리고 너의 손을 찍어 버리라는 등(마태 18,8.9). 그밖에도 많이 있다.

> 당신은 나를 따르시오. 죽은 자들이 자기네 죽은 자들의 장사를 지내도록 내버려 두시오!(마태 18,22)

혹은

> 자기의 목숨을 사랑하는 사람은 그것을 잃을 것이다(마태 10,39).

혹은

> 나는 포도나무요 너희는 가지이다(요한 15,5).

혹은

> 이것은 내 몸이다(마태 26,26).

이 말씀들이 이성을 초월해 있다고 짐작인들 해보았는가? 이 말씀이 禪의 공안보다 덜 곤혹스럽다고 말할 수 있겠는가? 나는 신앙을 요구하는 어떠한 종교라도 자체의 공안을 가지고 있다고 생각한다. 어쩌면 그리스도교도 마음을 움찔하게 만들고 경악하게 하는 하나의 커다란 공안이라고 말할 수 있겠다. 한편 신앙은 역설과 신비를 겸손되이 수용하는 영혼의 깊은 영역에 자리한다. 분명히 예수께서 설명을 무시하고 공안을 말씀하셨음을 부각시키는 대목들이 있다. 몸과 마음을 깨끗이하라. 그리고 들을 귀가 있는 사람은 그분의 말씀을 알아들으라. 그분은 무엇인가를 전하고자 하지만, 만일 그것을 알아듣지 못한다면, 다시 말해 추론적 사고의 차원에 있다면, 나는 도울 수가 없다.

　이 모든 점에 미루어 나는 오래 전부터 성서의 공안이 성서에 새롭게 접근하도록 그리스도인들을 위해 활짝 열려 있다고 생각한다.

그리스도인들이 성서를 어떻게 읽어야 하는지 알 때, 비로소 깨달음[正覺]을 얻을 수 있다고 말한 어떤 승려의 견해를 전해들었을 때 나의 생각은 확고해졌다. 성서는 깨달음을 얻을 만한 독자들을 위해 깨달음을 담고 있다고 너무나 명백하게 인정한 그가 나는 꽤 대단한 거물로 생각되었다.

그럼 성서를 공안으로 활용해 보기로 하자. 우리는 과거의 특성을 기술한 성서에 학문적으로 접근해 갈 필요가 있다. 이 말은 곧 박학한 학자들이 고어(古語)를 판독했고, 사막에서 항아리들을 파냈고, 어둠침침한 동굴에서 케케묵은 필사본을 발견했으며, 고대 도시들을 발굴해 낸 장본인들임을 인정하는 말이다. 그리고 이 말은 그들이 성서적 지혜의 깊이를 측량해 낸 인물이라는 결론과도 통한다. 하지만 비록 그들이 파낸 항아리들과 필사본들이 아무리 가치있는 보물일지라도 — 그리고 그들이 아주 대단한 사람들이라 해도 — 이것들은 공안을 해결하는 데 아무런 도움도 되지 않는다. 관상가인 토마스 아 켐피스[17]와 그의 일행이 도회지로 간 오래된 교훈을 성령께서 말씀해 주지 않는다면 결코 알아듣지 못한다. 이런 까닭에 내가 — 신화적 요소를 다분히 제거한 말투로 — 추론적 기능으로는 메시지를 알아듣지 못하고, 오직 성령께서 인간에게 말씀하시는 곳에서 작용하는 더 심원한 신비스런 기능에 의해서만 간파될 수 있다고 말한 것이다.

따라서 성서를 공안처럼 읽어주기를 바란다. 마치 사이키델릭한 엑스포 '70의 영광으로 들어가듯 그 속으로 들어가라. 추론적·논리적 기능을 잠시 물리치라. 예수께서 물 위를 걸으셨는지 혹은 걷지 못하셨는지, 현자들을 인도한 별이 정말로 있었는지 없었는지

---

17. Thomas à Kempis(1379?~1471): 원명은 Thomas Hemerken. 독일 아우구스티누스 수도회의 사제, 설교가, 사상가, 저술가이다. 『준주성범』(*Imitatio Cristi*)의 저자로 추정한다.

캐묻지 말라. 무슨 뜻인지 알려고 하지 말라. 더 중요한 것은 의미가 아니라 말씀이 우리 안에서 어떻게 작용하는가 하는 점이다. 복잡한 일을 모두 잊어버리고 말씀을 삼켜라. 그러면 말씀은 우리 안에서 미묘하게 움직이고 생명력을 가지며 마침내 우리를 변화시킬 것이다. 받아모신 그리스도의 몸과 피가 따사로움과 사랑과 생명을 준 것처럼 성서의 말씀을 받아 삼키라. 그것이 사이키델릭한 차원에서 살아 움직이게 하라. 셈족(族)의 작가들이 주려고 한 것들을 맛보라. 그럴 때 성서가 양식이며 생명임을 알게 될 것이다.

이렇게 할 때 좋은 친구들 틈에 있게 된다. 왜냐하면 그런 식으로 마태오와 마르코와 루가와 요한이 자주 구약성서를 읽었기 때문이다. 박식한 현대적 비평의 눈으로 볼 때 이 네 사람은 바보나 다름없다. 그들은 구약성서를 엉망으로 만들었고, 자기기만적인 학자들이 자기의 터무니없는 꿈을 이루기 위해 사용한 방식대로 예수를 구약성서의 말과 문장에 적용시켰던 것이다. 예수 친히 구약성서의 말씀대로 빠르게 혹은 느리게 연기해 갔다. "만일 당신들이 모세를 믿었더라면 나를 믿을 것입니다. 그는 내게 관하여 기록하였기 때문입니다"(요한 5,46). 나는 모세가 예수에 관하여 말했다는 것을 어떻게 학자들이 동의했을까 하는 의심이 생긴다. 마치 신비가들이 성서를 대하는 것처럼 만일 사이키델릭한 눈을 가지고 구약성서를 읽지 않는다면 모세가 예수에 관하여 기록했다는 말을 믿지 못할 것이다.

그렇다! 십자가의 요한이나 베르나르두스 그리고 그밖의 신비가들이 사이키델릭한 희망을 품고 성서를 대하는 방식은 거만한 학자들의 눈에는 어리석어 보였다. 하지만 신비가들은 단지 학자들과 다른 시도를 한 것에 불과하지 않는가? 그들은 다른 기능들을 사용하고 있다. 그들은 머리로 말하고 있지 않고 가슴으로 배로 말하고 있다. 그들은 학자들의 피상적인 추론이 미치지 못하는 영역에서 말하고 있다. 그럼에도 그들은 참된 메시지를 간파하고 있다. 그 이유는 성서를 쓴 사람이 이 차원에서 일했기 때문이다. 그들은 과학자들이 감히 엄두도 내지 못하는 공안 창출자였고, 공안이 합리성의 차원에서 받아들여지길 원치 않았다.

공안에 관하여 아주 흥미로운 점이 한 가지 더 있다. 일단 한 가지 공안을 투과(透過)하고 나면, 나머지 것들도 쉽게 풀린다는 것이다. 첫번째 공안을 가지고 수개월 동안 고투를 벌인 다음에는 능숙하게 다른 것들을 풀어나간다. 그 이유는 심원한 신비적 기능들이 첫번째 공안을 해결한 후에 활짝 열렸기 때문이며, 이제야 그 기능들이 활동하고 — 이제야 공안과 일치할 수 있기 때문이다. 같은 일이 성서에도 적용된다. 한 구절에서 눈부신 발전을 이룬다면 다른 구절을 읽을 때에도 깨달음과 환희와 열정이 생기는 법이다. 바울로를 이해하면 요한 묵시록을 대할 때도 욥기를 대할 때도 신비로운 기능들이 열리는 것이다. 禪 전통에 있어서, 깨달음의 올바름을 판가름하는 시금석이 곧 공안을 푸는 능력이다. 진정한 스승은 당신에게 커다란 깨달음처럼 보이는 것으로, 당신의 머리통을 날려버렸다 해서 결코 당신이 정통해 있다고 말하지 않는다. 그 대신 공안을 풀어보라고 청할 것이고 여기에 진짜 시험이 있다. 마찬가지로 그리스도인에게 해당하는 깨달음에 대한 시험은 성서를 즐겁게 읽는 능력이요, 감칠맛 나게 읽는 능력이요, 예리하게 읽는 능력이요, 통찰력을 가지고 읽는 능력일 것이다. 만약 그렇게 한다면 그는 자기도 모르는 사이에 언젠가는 일종의 깨달음을 얻을 것이다. 아무튼 언젠가는 그도 길거리와 시장에서 외치는 흠잡을 곳 없이 지혜로운 성모의 목소리를 들을 것이다. 그는 그녀와 어울리며 행복한 나날을 보낼 것이다.

자, 이제 명상의 실천적 측면에 주목해 보자. 그리스도인이 공안을 참구하고 싶다면, 자기에게 와닿고 끊임없이 마음에 간직하고픈 공안을 성서에서 선택하되, 깨달음을 얻을 수 있다는 믿음을 가질 필요가 있다. 나는 십자가를 하나의 공안으로 제시하고 싶다. 아니면 "예수"라는 말을 공안으로 추천한다. 다른 것도 가능하다. 禪에서 무자(無字) 공안을 사용하는 것처럼, 그리스도인도 "하느님"이라는 공안을 사용할 수 있다. 『무지의 구름』의 저자는 "사랑"이나 "죄"와 같은 단어들을 명상하라고 권한다. 이것 역시 공안이 될 수 있다.

끝으로 나는 이 모든 일에 있어 불합리성 숭배를 영예롭게 생각하지 않으며, 반지성적이 되길 원치 않는다는 점을 밝히고 싶다. 나는 이성을 믿는다. 그리고 『정적의 지점』이라는 책에서, 표면적으로는 신비가들이 무분별하게 보이지만 실제 그들은 이성과 조화를 이루고 있다는 점을 입증해 보이려고 애썼다. 어쩌면 그 책이 완전히 성공적이지는 못할지라도, 나의 의도가 전해졌기를 바란다. 내가 여기서 역점을 두는 바는 논리보다는 성서다. 따라서 사막에서 항아리를 파내는 병적인 쾌감 따위에 빠져, 영혼과 생명의 실재를 보지 못해서는 안된다는 것이다. 공안 수련은 성서의 본질을 간파하도록 우리를 가르친다. 아마 그것은 우리에게 아기와 어머니가 함께 있는 장소를 보여주려고 동양으로부터 온 하늘의 별일 것이다.

⑧

몸

아무리 어리석은 사람이라도 자기 자신을 돌보지 않을 수 없듯이, 명상에 관심이 있는 사람이라면 몸에 대해서 생각해 봐야 한다. 인간의 체험은 한정되어 있다. 여기서 정신과 몸의 상호작용은 상당히 중요하며 아주 미묘하게 작용한다. 아마 바울로가 이를 몸소 경험했으리라. 그는 자기가 몸 안에 있었는지, 몸을 벗어나 있었는지 정말 몰랐다 — 하느님만이 이를 아셨을 뿐.

동양 종교에서 몸에 쏟는 관심은 특별나다. 몸과 더불어 매사가 시작되고, 명상도 눈과 폐와 복부와 척주 따위의 적용을 가르치는 예술이다. 게다가 명상하는 장소도 중요하다. 가지런히 정돈되고 은은한 조명이 감도는 방이어야 하고, 확 트인 공간이라야 한다. 그래서 명상을 하면 정신 건강과 신체 건강에 좋다. 禪을 하면 추위와 더위를 단련하는 데 효과가 있고, 계속 참선을 하다 보면 대기오염의 위협에서도 살아남을 확률이 더 높아진다는 말을 아마 절에서 들어보았을 것이다.

나는 언젠가 교토 근처의 한 선사(禪寺)에서 명상을 주제로 한 집회에 참석한 적이 있다. 전문가들이 나와서 요가와 밀교[1]와 禪에 대해 말했다. 참가자 모두 커다란 선방에 조용히 앉아서 심혈을 기울

---

1. 密教라는 말은 불교 사상사 속에서 광범위하고도 미묘하게 사용되어 왔다. 우선 밀교는 불교의 신비주의라고 말할 수 있다. 밀교의 눈에 띄는 특징으로 신비적인 세계관과 독특한 교리 체계를 가진다는 점이다. 또 만트라를 사용하는 주술적인 의식과 독특한 수행법 등도 밀교적인 특징이다. 우리 나라와 일본에는 8세기경에 중국을 통해서 전래되었는데 眞言宗·神言宗 등이 이에 속한다.

여 요가를 수행하고 있었다. 이는 삼매에 들어가기 위한 준비였고, 나는 그 가능성을 굳게 믿었다. 또 우리는 요가의 기법에 관해 들었다 — 어떻게 자세를 취하고, 어떻게 긴장을 풀어야 하는지 또 어떻게 앉아야 하는지 등등. 연사들 중의 한 사람이 신체를 그린 큰 괘도를 가지고 와서, 호흡 과정과 "챠크라"(요가에서 말하는 정신 에너지의 중심부)들에 대해서 설명했다. 개별 명상이 끝날 즈음, 우리는 한 목소리로 읊었다. "옴, 샨티, 샨티, 샨티!"[2]

집회에서 놀라웠던 점은 공통된 믿음이 거의 없었다는 것이다. 어느 누구도 다른 사람이 무엇을 믿으며 혹 믿지 않는지 전혀 관심을 가지지 않았다. 내 기억으로 내가 하느님의 이름을 불렀는데도 어느 한 사람 관심을 보이지 않았다. 그것이 바로 명상이었고 단지 육체적 측면만 대두된 셈이었다. 아무튼 성생활에 미치는 명상의 효과에 이르기까지 아주 상세히 언급되었다.

내가 그리스도인으로서는 유일한 연사였는데 솔직히 말해 나는 좀 당황했다. 내가 엉뚱한 말이나 지껄이지 않을까 하고 걱정했다. 나는 머리를 올바르게 드는 법이나 어깨를 바로 펴는 법에 대해선 한 마디도 꺼내지 않았다. 그리고 그 모임에서 하느님에 관해 이야기한다는 것도 쉽지 않았다. 과연 하느님을 연관시키지 않고도 그리스도인의 명상에 관해 이야기할 수 있을까? 마침내 나는 몸에 대해 말한 어떤 연사의 말에서 실마리를 찾아냈다. 그의 주장인즉 명상은 몸을 장애물로 여기지 않고 몸은 반드시 정신의 세계로 그리고 실재의 우주적 차원으로 확산되어야 한다는 것이다. 나는 이 방법이 이 모임에서 하느님께 접근해 가는 최선책이라고 생각했다.

---

2. **Om, shantih, shantih, shantih!**: Om은 **A U M**이라는 글자의 종합으로 우주 전체의 불가사의한 진수가 구체화된 **聖音**이다. 하나의 단음 상태로 환원된 **聖現** 그 자체를 의미한다. 이 옴에 대한 고찰은 상당히 많다. "샨티"는 산스크리트어로 "적정", "평화"라는 뜻을 가지는 말이다. 이러한 만트라를 암송할 때는 번역하지 않고 원어를 그대로 사용하는 것이 상례이다.

그 모임에서 나는 대체로 많은 것들을 배웠다. 한 동료가 공동방에서 밤새 코를 곤 덕분에 한숨도 자지 못했다는 한 가지 사실만 제외하면, 즐겁고 유익한 주말을 보낸 셈이다. 그런데도 다른 사람들은 신경을 쓰는 기색이 없었다. 물론 그들은 나보다 훌륭한 요기[3]들이었다. 혹은 그들이 어쩌면 더 좋은 정신력을 지닌 사람들이었는지도 모르겠다.

그리스도인들은 기도할 때 몸의 역할에 관해 더 주목해야 한다. 아무튼 각자가 처한 자리에서 명상을 시작할 수 있도록 많은 가르침이 존재한다. 이는 특별히 현대인에게 해당하는 말이다. 대부분의 사람들이 하느님의 존재와 사후의 삶에 대해 궁금해하지만, 자기 몸의 존재에 대해서 궁금해하는 사람은 오직 극단론자들뿐이다. 그렇다면 자신들이 믿는 바대로 시작하면 어떠할까? 그리고 몸을 통해 우주로, 하느님께로 나아가면 어떠할까? 이런 식으로 명상은 믿음이 부족한 사람들, 다시 말해 도덕상 문제가 있는 사람들 또는 신이 죽었을까봐 겁나는 사람들에게 가르침이 될 수 있다. 또 그러한 사람들에게 좌선과 호흡의 가능성은 항상 주어진다. 그들에게 명상은 탐구가 된다. 내가 도쿄에서 사목한 경험에 의하면, 이런 식으로 추구하기 시작한 사람들이 마침내 하느님을 발견하는 것을 보았다. 그들이 거부한 것은 의인화된 신이 아니라, 우리가 위대한 존재 안에서 살고 활동하며 산다는 점이다. 그러나 명상의 경우 처음에는 몸이 등장하지만 종국에는 하느님이 등장하신다.

사실 서양식 기도는 이성적이다 ─ 그것은 머리로 하는 기도일 뿐, 영적 에너지가 발생하는 몸의 더 깊은 단계에서 드리는 기도가 아니다. 그러나 지금이라도 우리는 명상의 과학적 측면과 아울러 신체적 측면을 연구해 볼 수 있다. 이것이 가능한 까닭은 도쿄에 소

---

3. 요가 수행자.

재한 코마자와 대학교의 실험 장치 덕분이다. 참선을 수행하는 사람들의 신체적 조건을 검사하는 도구가 마련되어 있어, 호흡과 심장 박동, 눈의 움직임, 신진대사, 평형 감각, 뇌파 등을 측정할 수 있다. 비슷한 실험이 현재 미국에서 시행중인데, 종국에는 이러한 연구들이, 예컨대 식사요법, 몸의 자세, 주위 환경 등과 관련하여 이상적 명상의 조건들을 제시해 줄 것이다. 물론 알파 뇌파를 측정하기 위해 작은 기계 부품을 가지고 이리저리 몰려다니는 사람들을 목격하노라면, 이 모든 연구가 자못 터무니없는 소행으로 여겨질 것이다. 그러나 불합리한 일들은 사방에 존재하고 도저히 피할 도리가 없다. 더구나 이런 과학적 연구가 어리석은 물질주의의 선봉이 되게 할 필요는 없다. 언젠가 고마자와 대학교를 방문한 길에, 나는 담당 교수에게 禪의 깊이를 측정할 수 있는지 물어보았다. "아닙니다, 禪은 측정이 불가능합니다"고 그는 대답했다. "왜냐하면 마음은 신비이니까요. 우리가 할 수 있는 것은 몸의 반응이지요." 이렇게 구별짓는 그의 말을 나는 흥미롭게 경청했다.

여기서 내가 몇 마디를 덧붙이고 싶은데, 禪은 요가만큼 몸의 미세한 조절을 지향하지 않는다는 것이다. 일반적으로 禪은 마술 같은 수법이나 기이한 현상 따위를 단호히 거부한다. 물론 여기에도 몇 가지 예외가 있을 수 있다. 일전에 교외(郊外)의 한 사찰을 방문한 적이 있는데, 내가 들은 바에 의하면, 거기에 있는 어떤 선사가 날카로운 칼로 자기 위(胃)를 찌르지만 아무런 상처도 입지 않는 놀라운 묘기를 보이는가 하면, 다른 사람이 앓고 있는 병을 대신 앓아 그들을 치유시키는 등의 기적을 행한다는 것이었다. 게다가 그렇게 말해준 사람은 내가 신임하는 사람으로, 그가 직접 현장을 눈으로 확인한 연후에 말해주었기 때문에 나는 그 진위를 의심치 않았다. 하지만 이 특별난 선사는 완전히 비정통으로 간주되고 있다. 그는 일본의 禪에 만족하지 않고 젊은 시절에 중국과 인도에 가서 공부했으며 귀국해서 자기 나름대로의 좌선법을 시도하면서 중국에서 직접 배워온 기법이라고 주장했다. 앞서 언급한 대로, 禪의 다른 종파들은 이처럼 기이한 현상을 무시할 뿐만 아니라, 그것을 순수한 깨달음의 체험으로 향하는 길을 어지럽히는 위험한 소동으로 간주한다. 이상한 현상을 일본에서 "마쿄우"(魔境)라는 명칭으로 통하는데, "악마의 세계"라는 뜻이다. 또 禪에서 온갖 종류의 환영(幻影)을 말할 때도 이 말을 쓴다. 이런 관점에서, 일본의 禪은 아주 건강한 편이며 신비주의의 다른 형태에서 발견되는 악습도 없다. 특이한 현상을 배척하는 마쿄우 교리는 십자가의 요한의 주장과도 아주 흡사하다. 다시 말하지만, 禪은 "無, 無, 無"이다. 따라서 일종의 영적 혹은 육체적 현상으로 인해 목표가 흔들려서는 안된다.

이제 그리스도교로 되돌아가서, 우리는 서양 전통이 오늘날 일반적으로 알려진 것보다 몸에 대해 더 많이 언급하고 있음을 발견한다. 만일 명상생활을 하고 싶다면, 당신의 눈과 귀와 혀와 손과 걸음걸이를 다스려야 한다는 말이 격언처럼 쓰인다(그리고 내 생각은 아직껏 그러하다). 이것이 현대에서는 거의 말해지지 않는 덕목인 겸손이라는 일반 명칭으로 불린다. 비록 표현은 달라도 禪에서도 이를 무척 강조한다. 덧붙여 그리스도교의 전통에 의하면, 명상은 몸을 변화시키고 몸을 아름답게 가꾸어 준다는 말이 있다. 『무지의 구름』의 저자는 관상기도에 대한 사랑스런 몸의 반향이라는 농도짙은 용어를 사용한다. 아무리 못생긴 사람일지라도 고와질 수 있으며, 모든 이로부터 사랑받는 사람이 될 수 있다. 얼굴에는 환희가 충천하고, 우아함과 평화로움이 자태에 흠뻑 배어 있다. 그 이유는 기도로 인해 생기는 내적 영광이 몸 속으로 스며들기 때문이다.

모세가 산에서 내려오는 모습을 기억할 것이다(출애 34,29 이하 참조). 그의 얼굴이 너무나 환하게 빛나고 있었으므로, 이스라엘 백성들은 두려워 감히 그를 쳐다보지 못했고, 그에게 얼굴을 수건으로 가려 달라고 사정해야 했는데 —그 까닭은 하느님의 영광이 위대한 이스라엘 사람의 얼굴에서 빛나고 있었기 때문이다. 나는 그리스도의 변모도 이것의 재현이라고 해석하고 싶다 — 그리스도는 제2의 모세요, 상징적인 모세의 구현이다. 난데없이 등장한 사람들과 함께 이야기하고 있는 자리에서, 예수의 내적 아름다움이 갑자기 그의 인격 전체를 뒤덮더니, 그의 얼굴이 형언할 수 없을 정도로 아름답게 빛났고, 그의 옷이 — 그렇다, 내적 아름다움이 그의 옷으로까지 퍼졌다 — 지구상에 그처럼 하얀 색이 없을 정도로 새하얗게 빛났으며, 그의 몸이 형언키 어려운 내적 아름다움으로 휩싸였다.

아마도 대부분의 사람들이 변모된 그리스도의 아름다운 모습을 간직한 사람들을 만나본 경험이 있을 것이다. 오늘날 추함과 아름다움의 개념은 텔리비전의 기준에 따른다 — 올바른 정신을 가진 광고주라면 치약 선전이나 비누 선전에 사람들의 얼굴을 팔 생각은 감히 하지 못할 것이다 — 그러나 기도의 영광이 모세의 몸에 스며드는 것처럼 사람들의 몸에 스며든다. 문화의 변이로 외형적 삶의 방식이나 의복이 바뀐 지금, 나는 이것이야말로 수사들이나 수녀들이 지향해야 할 아름다움이라고 생각한다. 그들이 런던과 파리를 동경하는 대신, 아름다움의 귀감으로서 모세와 출애굽을 동경한다면, 진리를 추구하는 현대인에게 도움이 될 것이다.

어쨌든 그리스도교 전통이 명상을 통해 몸에 전달된 아름다움을 말해 왔기 때문에, 삼매에 이르는 수단으로서 몸을 이용하려는 시도는 활발치 못했다. 여기서 다시 우리는 동양으로부터 배울 점이 있다. 나는 몸의 역할을 설명하고자 「바가바드 기타」에서 몇 구절 인용하련다. 이 고전은 불교의 영향을 받은 것처럼 보이나, 禪의 작품도 불교의 작품도 아니다. 하지만 그것은 내 마음에 크게 와닿는다. 최근에 자이너(R. C. Zaehner) 교수의 작품을 읽은 후에 「바가

바드 기타」를 여기에 인용하기로 마음을 먹었다. 자이너 교수는 禪과 그리스도교 사이에 다리를 놓고자 한다면, 「기타」를 빼놓곤 불가능하다고 주장한 사람이다. 또 「기타」야말로 동양과 서양을 잇는 중요한 고리 중 하나라고 강조해 말한다.

「기타」의 제6장에서, 요기[4]는 그의 제자에게 자아완성, 물러남, 고독 그리고 완전한 포기에 대해서 가르친다 ─ "헛된 희망을 버리고 아무것도 소유하지 말라." 그러고 나서 아래와 같은 명상의 기술(記述)로 들어간다.

깨끗한 곳에 자기를 위하여 자리를 꽉 잡으라.
너무 높지도 않게, 너무 낮지도 않게
그 위에 거룩한 풀, 사슴 가죽 그리고 옷을 겹쳐 깔라.

그 자리에 올라앉아,
마음을 한 점에 집중하고, 사념과 감각을 제어하여
자기 혼을 정결케 하기 위하여 요가를 닦을지어다

몸과 머리와 목을 꼿꼿이 일직선으로 가져
움직이지 말고 눈으로 코 끝만을 들여다보며[5]
사방으로 눈을 팔지 말라.

─────────────

4. 요기란 본래 요가 수행자를 말하는데, 여기서는 아르쥬나에게 요가를 가르치고 있는 크리슈나를 요기라고 표현하고 있다.

5. 「바가바드 기타」 4장 13절의 번역이다. 이 번역에 대해서는 다른 의견이 있다. 코 끝을 바라보면 사팔뜨기가 된다. 실제로 코 끝을 바라보면서 요가를 수행할 수는 없다. 여기서 "코 끝"이란 "나시카그람"의 번역으로서 "코가 시작하는 부분" 혹은 "코의 시발점"이라고 정정해야 할 것이다. "코의 시발점"이란 양눈썹 가운데의 한 점, 즉 "제3의 눈" 혹은 "탄트라의 눈"이라고 불리는 정신적 시각이 자리잡고 있다고 하는 지점이다. 이 부분을 바라보려면 眼球를 치올려서는 안된다. 눈을 반쯤 뜨고 의식을 모으는 것이다. 저자가 인용한 힌두 경전의 영어 원문은 "Let him fix his gaze on the tip of his nose"라고 되어 있다.

온전한 고요 속에 두려움을 버리고
브라마차랴[6]의 맹세를 굳게 서서,
마음을 정복하고, 생각을 내게 맡겨
정신을 통일하고 앉아
나만을 지상으로 전념하라.[7]

위의 내용을 가지고, 나는 세 가지 점에서 간략하게 언급하고 싶다. 첫째로, 장소에 대한 강조이다. 장소는 정돈이 잘 되어 있어야 하고 깨끗해야 하며, 너무 높지도 너무 낮지도 말아야 한다. 禪에서도 장소 설정은 상당히 중요하다. 도우겐(道元) 선사가 깊은 침묵에 젖어들 수 있는 한적한 시골의 에이헤이지(永平寺)를 선택한 점이 얼마나 기막힌 일인가. 자연과 인접한 곳, 강물 소리와 낙수(落水) 소리가 들리고, 일본식 정원이 있는 곳에 선사(禪寺)가 자리하는 것은 매우 중요하다. 명상이란 결국 순수한 영혼이 하는 수행이 아니라, 몸을 가진 인간에 의해 행해지는 것이기 때문이다.

생태 문제와 환경 문제에 대해 줄곧 말들을 하지만 서양의 그리스도인의 종교 환경은 아주 엉망이다. 내 말은 우리 그리스도교 교회가, 특히 최근에 지어진 교회들이 사실상 명상을 위한 장소가 되기에는 부족하다는 뜻이다. 과거의 가톨릭 교회들은 적어도 핵심이 될 만한 것 — 예를 들어 감실 앞에 매달아 놓은 빨간 등 — 이 있었고, 이것은 모든 사람들의 시선을 한곳에 집중시키는 역할을 해

---

6. brahmacharya: 요가에서의 다섯 가지 禁戒 중 하나인 不淫을 말한다. 이는 성적 행위를 금할 뿐만 아니라 육욕 그 자체를 소진시키는 것이다. 요가에서는 본능적인 것은 의식과 감각에서 완전히 근절되어야만 하는 것이다. 참고로 다섯 가지 금계는 ① 살생하지 말 것(아힘사). ② 망언을 하지 말 것(사트야). ③ 도둑질을 하지 말 것(아스테야). ④ 음란하지 말 것(브라마차랴). ⑤ 소유하지 말 것(아파리그라하) 등이다.

7. 저자는 위의 문장을 *Hindu Scriptures*, R. C. Zaehner, Everyman's Library Edition (New York: E. P. Dutton & Co., 1966) 275에서 원문을 인용했으나, 여기서 역자는 함석헌 『바가바드 기타』 한길사, 1985, 6장 11-14절의 내용을 인용했다.

왔다. 그리고 분위기있고 따뜻한 느낌이 들었다. 명상을 하는 사람이라면 시선을 집중시킬 만한 지점이 필요하다는 말쯤은 이해할 것이다. 시선이 흩어지기 시작하면 명상하기는 아예 글렀다. 옛날의 감실은 이런 목적에 쓰였고, 아무것도 그 자리를 대신하지 못했다. 낯 놓고 기역자도 모르는 사람들이 더블린(Dublin)의 그래프톤(Grafton)가(街)에 있는 가르멜회 성당 같은 곳에서 몇 시간이고 감실 앞에 무릎 꿇고 있다가 이내 삼매에 빠져들곤 했을 것이다. 이런 사람들은 신비가나 선사와 마찬가지로 깨달은 사람들이었고, 아마 그런 사람들이 전세계적으로 수천 명에 달했을 것이다. 사람들이 이와같이 교회에서 명상할 수 있다면, 우리는 지금이라도 그들에게 자리를 마련해 주어야 하지 않을까 하고 스스로 자문해 본다. 만약 새로 교회를 짓는 사람들이 명상에 대해 조금이라도 염두에 두었다면 혹은 그것을 조금이라도 체험해 보았다면, 과연 지금처럼 교회를 지을 수 있었을까 자문해 본다. 수도원과 수녀원도 마찬가지다. 도대체 지금 환경에 대해 얼마나 많이 생각하는지 의심스럽다 — 하물며 건물과 기도와의 관계, 수도복과 기도와의 관계, 복도와 성당과 기도와의 관계 등에 대해 과연 염두에 두고 있는지.

둘째로 강조하고 싶은 점은 당당한 몸자세이다. 등은 꼿꼿이 세우고, 눈은 코 끝이나 양미간에 고정시킨다.[8] 절대로 이리저리 두리번거리지 않는다. 이 책 후반부에 묘사되는 정신의 고요함은 바람 불지 않는 장소에서 소리없이 타오르는 불길에 비유된다. 바람이 불지 않는 장소에서 고요히 타오르는 불길에 명상의 힘을 비유한 것은 아주 적절하다고 본다. 그리고 이 모든 것은 기쁨과 두려움의 소멸로 통한다. 독신과 정결을 지지하는 힘이 가톨릭 수도회의 정

---

8. 앞서 지적했듯이 이 방법에는 문제점이 있고 또 이는 전통적으로 禪에서 하는 방법이 아니다. 禪에서는 半開眼을 하는데, 반개안이란 눈을 반쯤 뜨고 약 두 자 내지 석 자 앞의 점에 눈의 초점을 살며시 올려두는 방법이다.

결서원과 인도의 브라마차리[9] 서약이다.

여기서 나는 모든 그리스도교의 기도에 있어 기도 자세를 결가부좌로 제한시킬 필요가 없음 — 사실 그래서는 안된다 — 을 말해두고 싶다. 예를 들어 서 있는 자세, 무릎 꿇는 자세, 엎드리는 자세, 앉는 자세, 심지어 걷는 자세 등 여러 가지 자세가 있고, 이는 개인의 성격이나 개개인 각자가 속해 있는 문화에 맞게 선별되어야 할 것이다. 하지만 어떤 자세를 취하든, 명상에 있어 자세는 가장 중요한 요소이다. 대체로 안락의자에서 몸을 꾸부정하게 수그린 자세는 깊은 명상에 들기에는 알맞지 않다.

셋째로, 「기타」가 동서양을 잇는 다리가 될 수 있다고 자이너 교수가 주장한 이유는 내가 인용한 구절에서 드러난 神 중심적 성격 때문이다. 시선을 "나"에게 고정시킨다 함은 곧 하느님께 시선을 고정시킨다는 말이다. 영혼의 가장 내밀한 곳에 현존해 계신 하느님을 향해 모든 기능들이 고정되어 있으므로 인격은 저절로 완성에 이른다 — 더 정확히 말하자면, 그분은 영혼의 가장 내밀한 부위이시다. 그렇기 때문에 인간 안에 신적인 광채가 있다. 이를 통해 「기타」는 禪 이상으로 그리스도교에 더 가까이 접근한다.

명상에 잠긴 요기의 몸에서는 『무지의 구름』의 저자가 말한 아름다움이 풍긴다. 그리고 이 아름다움은 모든 종교의 관상가들에게 공통된 아름다움이고 작금의 세상 사람들이 무의식적으로 갈구하는 아름다움이다.

---

9. 힌두 경전 「베다」에는 인간의 일생에 대하여 다음의 네 가지 단계로 설명하고 있다. 첫째가 브라마차리 단계로서 독신으로 공부하는 학생의 단계이다. 둘째, 세속의 의무를 감당해야 하는 가장인 그리하스타 단계. 셋째, 은둔 수행자인 봐나프라스타 단계. 넷째, 모든 세속적인 관심사로부터 벗어나서 각지를 떠돌아다니는 유행자 또는 숲속 거주자인 산야시의 단계이다. 브라마차리는 첫째 학생의 단계에 속한다. 물론 현대 인도에서는 이같은 구도의 일생이 널리 준수되고 있지는 않지만, 그래도 상당수의 사람들이 이를 진지하게 따르고 있다.

호흡과 리듬

명상에서 마음을 다스리는 일이 우선되어야 함은 당연하다. 우리 대부분이 몸 — 팔과 다리 등 — 을 다스리기에 다소 신경을 쓰지만, 마음을 다스리기는 생각만큼 그리 쉬운 일이 아니다. 그리고 이 점에 있어서는 동양이 뛰어나다. 결코 사소한 작업이 아닌 마음의 다스림을 「기타」에서도 강조하고 있다. 아르쥬나는 이렇게 말한다. "변덕스럽고, 충동적이며, 대단히 억센 마음에 재갈을 물리기가 이토록 힘들 줄이야! 차라리 바람에게 재갈을 물리는 편이 훨씬 쉽지." 복되신 주님[1]도 그것에 대해 이렇게 대답하신다. "여기에 의심스러움은 전혀 없다. 마음에 재갈을 물리는 일은 힘들고 변하기 쉽다. 하지만 쉬지 않고 노력하고 격정을 이겨내다 보면 마음을 붙잡아 맬 수 있다."[2] 간단히 말해서, 마음은 다스리기가 까다롭지만 절대 불가능한 일만은 아니다. 다스림이 가능하다. 하지만 어떻게?

마음을 다스리는 가장 오래된 방법들 가운데 하나가 호흡을 통해서다. 호흡과 정신생활이 얼마나 밀접하게 관계있는지 체험을 통해 알 만한 사람은 다 알 것이다. 우리가 흥분하거나 질투하거나 화를 내고 있을 때, 호흡은 짧고 빨라진다. 그와는 반대로 조용히 마음을 가라앉히고 있을 때, 깊은 정신집중이나 명상에 잠겨 있을 때, 호흡은 느리고 심지어는 정지해 있는 듯하다. 혹자는 워즈워드의 아름다운 시구가 떠오를 것이다. "거룩한 시간은 수녀처럼 고요하고, 찬

---

1. 여기서는 비쉬누가 육화한 神人 크리슈나를 지칭하는 말.

2. 같은 책, p.227.

미소리로 숨을 죽인다." 흠숭에 깊이 젖어들면, 숨소리도 들리지 않을 만큼 고요해질 것이다. 이런 일이 禪에서도 일어난다. 호흡이 느려지다 거의 멈추는 지경에 도달하고 마침내 심장의 박동소리만 들릴 뿐이다.

만약 마음의 상태가 호흡에 영향을 미친다면, 마찬가지로 호흡의 각성을 통하여 정신생활을 조절할 수도 있다. 만일 정서적으로 흥분해 있는 사람의 경우라면, 규칙적인 호흡으로 신경을 진정시키고 마음을 가라앉히게 도울 수 있다.

명상 수행에 있어서, 禪은 한순간 숨을 죽이고 그 다음 내뿜는 식의 깊은 호흡으로 시작하도록 권장한다(등을 꼿꼿이 세우고 복식호흡으로). 내가 알고 있는 어떤 선사는 제자들에게 직장을 옮겼을 때나 새로운 사업을 시작할 때에 언제나, 깊은 호흡을 하도록 권했다. 호흡은 과거를 잊고 정신을 집중시켜 새출발하도록 돕는다.

참선 수행의 한 가지 방법은 호흡을 세면서 시작하는 방법이다.[3] 나는 이런 방식으로 시작하지 않아서 — 내가 앞서 말한 대로 나는 다른 비법을 가지고 있음 — 그것을 설명하기가 좀 난처하다. 하지만 어쨌든 어떤 식으로 가르침을 받는지 적어보겠다. 먼저 들숨과 날숨을 세기 시작하는데 들이마시면서 하나, 내쉬면서 둘 … 그렇게 열까지 센다.[4] 세면서 정신을 호흡에만 집중한다. 얼마만큼 — 3,4일 정도 — 이렇게 한 다음, 들숨 때는 숫자를 세지 않고 날숨 때만 수를 센다. 다시 얼마만큼 그렇게 한 다음, 들숨 때만 숫자를 세기 시작한다. 마침내는 수를 세지 않고 오직 "호흡을 따르거나" 숨쉬고 있다는 사실만을 의식한다.[5]

---

3. 이를 數息觀이라고 한다.

4. 열까지 센 다음 다시 처음 하나로 되돌아오는 것이 중요하다. 한참 수를 세다 보면 서른하나, 서른둘 … 이런 식으로 자신도 모르게 세고 있는데 잘못을 발견하는 즉시 하나로 되돌아오면 된다.

5. 數息觀과 구별하여 호흡을 따른다고 해서 隨息觀이라 이름한다.

마치 술수를 부리는 말처럼 들릴 수 있기에 — 어떤 그리스도인
들은 "명상에 뭐 그런 것이 필요해" 하고 비웃으며 이런 부류의 것
을 반대한다. 하지만 반드시 명심해야 할 것은, 이러한 정신집중이
감정을 진정시킨다는 점 외에 정신생활의 피상적인 차원에 머물러
있는 추리력과 사고력과 상상력을 몰아내는 효과가 있고, 따라서
더 깊은 합일로 가는 길을 마련한다. 말하자면 그것은 의식의 표면
층, 마음의 외면층을 가라앉힌다. 그런 다음 평상시에는 잠재해 있
는 의식과 더불어 더 깊은 차원에 집중하도록 돕는다. 이때 생각과
상상은 쓸려나간다. 오직 호흡만 의식하고 그런 다음 무의식 상태
의 더 깊은 영역이 의식 위로 떠오른다.

소우토우 선(린자이만큼 공안을 사용하지 않음)에서는 — 수를
세지 않고 — 호흡에 집중하는 일[隨息觀]을 크게 강조한다. 禪 공
부에 상당히 정진한 사람들에게도 이를 강조한다. 그렇게 하지 않
으면, 명상의 기운을 상실해 버리고 시간마저 낭비해 버릴 위험이
언제나 따른다. 그리스도인의 경우, 고요한 신앙 속에서 행해지는
좌법과 호흡은 그 자체로 흠숭의 행위가 된다. 내가 여러 번 지적했
듯이, 서양 사람들은 자기의 머리를 쓰지 않으면 명상이 되지 않는
다고 생각한다. 그렇다면 그냥 앉아서 숨쉬고, 심장의 박동에 내맡
기는 명상법이 가당치 않단 말인가? 확실히 온전한 침묵은 흠숭의
기막힌 표현이 될 수 있다.

더욱이 호흡은 존재의 근저에서 시작하여 호흡의 각성이 정신생
활의 새로운 문을 활짝 열어젖힘으로써 가장 내밀한 자아의 실현으
로 통할 수 있는 것이다. 성서에서 호흡은 분명 우리 안에 있는 가
장 깊은 것과 일치해 있다. 정확히 호흡이 몸 속으로 들어갈 때 인
간은 인간이 되는 것이다.

또 동양에서 호흡은 나의 작은 몸 속에서 일어나는 현상에 그치
지 않음을 명심해야 한다. 그 이상의 의미가 있다. 그것은 우주의

호흡과 연계되어 있는지라, 호흡을 규칙적으로 한다 함은 전 우주와의 관계를 규칙적으로 행한다는 뜻이고 조화와 질서를 가져온다는 뜻이다. 이 점은 호흡이 중요한 몫을 담당하는 禪이나 요가에서도 마찬가지다. 유대-그리스도교의 전통에서 호흡은 정신[靈]이고 우주에 가득한 성령과 관계가 있다. 따라서 예수는 상징적으로 사도들에게 "숨"을 내쉰다. "성령을 받아라. …"(요한 20,22). 또한 사도들에게 성령께서 강림하기 전에 세찬 바람이 분다. 이 모든 것을 곰곰히 따져볼 때, 호흡의 각성은 자기를 온전히 잊어버린 상태에서 성령을 의식하게 하고, 이때문에 어째서 그것이 참으로 그리스도인의 기도가 될 수 있는지 또렷해지는 것이다. 나는 그리스도인의 기도법이 모두 호흡과 관련되어 있다면 상당히 발전할 것이라고 믿는다. 하지만 아마 그런 시기는 아직 도래하지 않은 것 같다.

호흡의 각성이 그리스도교의 전통상 아주 낯설지만은 않다. 『필로칼리아』에서 밝혀진 헤시카스트들을 위한 가르침에서 몇 대목을 소개해 보겠다.

> 형제 여러분, 우리가 어떻게 호흡하는지 여러분도 아실 것입니다. 우리는 공기를 들이마시고 내쉽니다. 호흡은 몸이 살아가는 데에 기본이 되고 몸의 온기를 유지시켜 줍니다. 따라서 여러분의 방에 앉아, 마음을 모으고, 기도(氣道)를 따라 들이마신 공기를 모두 심장에 들어가게 한 다음 그대로 있으십시오. 그대로 있어야 합니다. 하지만 멍하니 있으면 안됩니다. 다음의 기도를 읊으십시오. "하느님의 아들 주 예수 그리스도여, 나를 불쌍히 여기소서." 이렇게 계속하십시오. 결코 그만두어서는 안됩니다. 이 일을 통해 마음 속의 환상을 몰아냄으로써, 적들의 모략에 흔들림 없이 하느님의 열망과 사랑으로 인도됩니다. 게다가 형제들이여, 여러분의 마음을 너무 쉽사리 드러내지 말도록 하십시오. 처음에는 마음을 닫고 있어서

외로움을 강하게 느낄 것입니다. 하지만 그것에 익숙해지면, 반대로 표면적인 일에 대해서 이러쿵저러쿵 하는 일이 싫어지게 됩니다. 왜냐하면 하느님의 왕국이 우리 안에 있기 때문입니다. 그리고 그것이 우리의 내면 안에 있음을 알아차린 사람은 이 순수한 기도를 통해 그것을 발견하고, 그것을 맛보게 됩니다. 밖에서 일어나는 모든 일에 관심을 잃고, 거기에 가치를 두지 않게 됩니다. 자기 안에 잠긴다는 일이 더 이상 지겹지도 않고, 괴롭지도 않게 됩니다.[6]

내가 알기로 헤시카스트들은 전통적으로 숫자를 헤아리지 않고 다만 호흡에 맞추어 화살기도를 드린다고 한다. 이 화살기도는 위의 형태를 취하기도 하고 혹은 "예수"라는 말만 되풀이하기도 한다. 어떤 작가들은 숨을 들이쉴 때 예수께서 들어오시고 내쉴 때 "나"는 밖으로 나가게 되어, 결국 그리스도로 충만하게 된다고 말한다. 내가 위에 인용한 내용에서도 알 수 있듯이, 화살기도는 생각과 욕망과 장해물로 가득한 마음을 순화시키고, 마침내는 영혼이 적나라하게 드러나 있는 정신생활로 내려간다.

화살기도를 반복하는 방식은 특별히 불교의 염불종에서 찾아볼 수 있는데, 거기서는 나무아미타불[7] — 아미타불께 영광 — 이라는 말을 계속 반복한다. 선종에서는 이른바 염불을 별로 강조하지 않는다. 하지만 일전에 한 사찰을 방문한 길에, 거기서 한 젊은 승려로부터 염불에 대한 놀랄 만한 이야기를 들었다. 그가 말하길 처음에는 "나무아미타불"이라는 말을 계속 반복했는데, 언젠가부터 "나"

---

6. *Philokalia on Prayer of the Heart*에서, E. Kadloubovsky and G. E. H. Palmer 공역, London: Faber & Faber, 1951.

7. 南無阿彌陀佛: "나무"는 산스크리트어로 "나마스" 또는 "나모"의 음사인데, 경례·공경·순종·귀명·귀의 등 여러 가지 뜻이 있고 "아미타"는 한량없다는 뜻인데, 여기에는 無量壽(아미타유스)와 無量光(아미타바)의 뜻이 포함된다. 그러므로 나무아미타불은 한량없는 목숨과 광명을 지닌 아미타 부처님께 귀의한다는 말이다.

는 그 말을 되풀이하지 않고 주체(主體)도 없이 단지 "나무아미타
불"만을 읊고 있었다고 한다 — "나"는 없어졌기 때문이다. 그에게
있어서 염불은 禪의 특징이라 할 수 있는 자신을 잊어버리게 하는
방편이었다. 나는 그의 말을 아주 인상깊게 들었고, 無와 공안과 염
불은 같은 길로 통한다고 주장한 스즈끼 박사의 가르침을 머릿속에
떠올렸다. 다시 말해 깨달음으로 통한다는 것이다. 이 모든 것들은
정신생활의 표면층을 순화시키고 정결하게 하며, 무의식의 깊은 차
원이 의식으로 떠오르게 하고 깨달음을 얻게 한다.

어쨌든, 화살기도를 반복하다 보면 자기도 모르는 사이에도 기도
를 하게 되고 심지어는 가장 분주한 순간에도 기도가 가능하므로
정신생활에 깊이 젖어들 수 있게 된다. 어떤 불교도들은 염불의 리
듬이 자는 동안에도 계속된다고 말한다. 한 일본인 수녀가 죽어가
는 환자 수녀의 곁에 앉아 있을 때 체험한 것을 나에게 들려주었다.
환자 수녀는 수술을 받아 거의 의식이 없는 상태였다. 그럼에도 그
녀는 계속 "제수수 아와레미 타매"(예수여 나를 불쌍히 여기소서)라
는 말을 아무 스스럼없이 거의 자동적으로 중얼거리고 있었다. 나
는 이런 종류의 일은 흔히 있을 수 있다고 생각한다.

나는 반복적인 화살기도나 호흡의 의식이 어느 정도 몸의 기본
리듬과 연관이 있다고 생각하는데, 어떤 리듬은 깨달음이 일시에
터지는 곳인 우리 몸의 중심에 이르러야 비로소 점점 더 깊어지는
것이 있다. 이 말을 설명해 보겠다.

몸에는 기본 리듬이 있고 그것은 평상시의 경험하는 것보다 더
깊은 곳에 있는 의식과 연결되어 있다. 인간이 자연 상태에 있었을
때, 즉 들에 나가 일을 하거나 바다에 나가 고기를 잡을 때, 이 리
듬이 어쩌면 발견되고도 남을 만큼 쉬웠다. 왜냐하면 주위 환경과
조화를 이루며 살았기 때문이다. 그리고 그러한 환경에서 그들은
우주의 힘에 훨씬 개방적이었고, 무신론은 아예 발도 들여놓지 못

했다. 예수의 사도들이 어부였던 점을 상기해 보라. 그리고 그리스도교 역시 고기잡는 일과 아주 긴밀한 관계에 있다. 하지만 현대 같은 도시화 추세에서는 이 리듬과 조화가 상실되고 말았다. 우리는 우리의 환경과 전혀 조화를 이루지 못한 채 살고 있다. 바로 이것이 우리가 처해 있는 상황이다. 자, 다시 생태 문제를 짚어보자. 우리는 대기오염을 수습해야 함은 물론, 비틀즈(Beatles)나 롤링 스톤즈(Rolling Stones)의 활기찬 리듬과 우리의 정신생활을 동요시키는 여러 세력들의 리듬에 대처해야 할 입장이다. 과도한 소음이 청각을 둔화시키고 미각과 시각까지도 무디게 한다는 말은 너무나 잘 알려져 있다. 그렇다면 그것이 정신생활의 내밀한 차원을 얼마나 흐려 놓을까! 그것이 우리 안에 반드시 있어야 할 더 심원한 리듬을 마비시키지나 않을까 적이 의심스럽다.

하지만 깊은 명상에 잠기고 싶은 사람은 누구나 이 리듬을 찾아내야 하고 이 리듬을 따라야 한다. 사람들은 다양한 방법을 동원해 각자의 리듬을 찾아낸다. 어떤 사람들은 오직 호흡을 통해 찾아내고, 호흡 하나로 족하다고 생각한다. 또 어떤 사람들은 화살기도를 곁들인 호흡으로 각자의 리듬을 찾아낸다. 또는 호흡에 대해 생각하지 않고, 반복적인 화살기도를 사용하는 사람들도 있을 것이다. 또 어떤 사람들은 심장 박동을 의식함으로써 자기들의 리듬을 찾아내고, 또 어떤 이들은 화살기도가 호흡 쪽보다는 자신에게 더 잘 맞는다고들 말한다. 또 내가 아는 사람들 중에는 걸으면서 이 리듬을 발견한 사람도 있다. 한 친구는 매일 아침식사 전에 화살기도를 드리며 산책을 한다. 걸을 때마다 자동적으로 화살기도를 드렸고 — 기도가 리듬에 척척 맞아떨어졌다고 함 — 그의 환경에서 감지하지 못하게 될 때까지 그 일을 되풀이했다. 그는 자기가 어떻게 교통사고의 위험에 대처하는지 아직까지 내게 말해주지 않았고, 나 역시 그에게 물어보지도 않았다. 단지 내가 말하고 싶은 것은 화살기도가 몸의 기본 리듬에 적중했다는 것뿐이다.

어쩌면 이 모든 일이 음악을 듣는 것과도 관계가 있는 듯하다. 대부분의 사람들이 자기가 들었던 아름다운 멜로디가 며칠이고 뇌리에서 떠나지 않는 경우를 경험했을 것이다. 음악이 계속 뇌리에 머물러 있고 쉽사리 사라지질 않을 것이다. 마찬가지로 예수 기도나 염불도 그 기도의 대상을 흠모하는 사람의 정신생활에 계속 머물러 있다. 그러나 한 가지 중요한 차이점이 있다. 때때로 뇌리에서 떠나지 않는 음악이 거추장스럽게 느껴질 때가 있다. 그것을 지워버리려 해도 마음대로 되지 않는다. 그것은 좀처럼 떠날 줄 모른다. 심지어 어떤 때는 폭군처럼 느껴진다. 반면 리드미컬한 화살기도는 전혀 그렇지 않다. 어쩌면 아주 깊은 곳에 자리하고 있기 때문일지도 모르겠다. 나는 음악이 정신생활의 가장 깊은 층에 들어오지 못한다고 생각한다. 어찌된 일인지 바깥을 향해 있다. 그런 까닭에 음악이 불쾌감을 줄 수 있고, 어떤 때는 소음의 원인이 되기도 한다 — 그것은 더 깊이있는 몸의 리듬과 맞지 않기 때문이다. 한편 화살기도는 우리 존재의 가장 깊은 지점에서 솟구친 것으로 결코 표면적이지 않다. 그것은 가장 깊은 자기의 표현이다.

일찍이 많은 사람들이 로사리오 기도에서 이 리듬을 찾아냈던 것 같다. 바닷가에 사는 할머니들의 입장을 생각해 보라. 그들의 아들들은 대서양의 파도에 휩쓸려 목숨을 잃고 말았다. 그래서 평생 묵주 돌리는 손가락이 무감각해질 때까지 로사리오 기도를 암송하며 보냈다. 이런 사람들이 로사리오 기도와 뼈저린 아픔을 통해 자기들의 리듬을 찾았던 것이다. 그들은 깊이 깨달은 사람들이다.

도시에 사는 우리들에게 문제는 심각하다. 자연과 벗하는 시골생활은 명상을 원하는 이에게 크게 유익하다. 이 사실을 벌써 오래 전에 유명한 관상 수도회에서 밝혀낸 바 있다. 하지만 도쿄 — 나는 이 도시를 사랑한다 — 처럼 굉장히 시끄러운 도시들도 이겨내기 힘들 만큼 장애가 되는 요인이 아니다. 일단 리듬을 찾아내면 그것은 환경을 초월하고 장소도 문제가 되지 않기 때문이다. 생태 문제 역시 이 차원에서 해결될 수 있다.

앞에서 언급했다시피 호흡의 리듬이나 화살기도는 더 깊은 어떤 것과 연결되어 있다. 즉, 영혼의 중심, 존재의 핵심, 정신의 최고 지점, 깨달음의 섬광, 참된 자기, 깨달음이 얻어지는 영역 등과 통한다. 이것이 존재하는 것 가운데 가장 참된 것이다.

정진(精進)

온갖 종류의 사람들이 禪이나 명상 그리고 삼매를 수련하는 것 같지만 사실 깊이 들어간 사람은 소수에 불과하다. 대부분의 영적 전통이 이 점에 동의한다. 「기타」는 명상에 투신하는 무수한 사람들 중에서 하나 있을까말까한 사람에 대해, 다시 말해 완성의 길을 가는 수많은 사람들 중에서도 유달리 훌륭한 인물에 대해서 언급하고 있다. 십자가의 요한은 무엇인가를 말하려는 듯 서둘러 책을 적어 나간다. "나는 깨달음의 첫 단계에 대해서 이미 많은 책들이 나왔기 때문에 말하고 싶지 않다. 대신 좀처럼 경험하기 힘들기 때문에 거의 알려져 있지 않은 나중 단계에 대해서 말하고 싶다." 선사들의 말에 의하면, 겨우 몇몇 사람들만이 대학 졸업자 수준까지 도달해 있을 뿐 대부분의 사람들은 유치원 수준에 머물러 있다는 것이다. 간단히 말해서, 불린 자는 많지만 선택된 이는 적다는 말이다. 많고 많은 사람들이 좁은 문을 떠밀어 보지만, 그곳을 통과하는 사람은 소수에 불과하다. 만일 당신이 여기에 근기(根氣)가 뛰어난 사람을 찾아나선다 해도 쉽사리 찾지 못할 것이다.

이러한 실상이 슬픔처럼 항상 나를 짓눌러 왔다. 뭐니뭐니해도 이 세상은 한낱 애송이가 아닌 위대한 신비가들이 필요한데, 모든 사람들을 완성의 길로 이끌 수 있는 방안이 마련된다면 얼마나 근사하겠는가. 그렇다면 도대체 막판까지 가지 못하도록 가로막는 것은 무엇이란 말인가? 어째서 사람들은 유치원 수준에서 멈추거나 혹은 고등학교 수준에서 졸업하지도 못하고 계속 거기 머무는가?

게다가 의식이 또렷한 상태에서 나는, 이 질문이 묻지 않을 수 없고 대답하지 않을 수 없는 물음이란 것을 알았다. 신비주의에서 정진은 성소와 관련되어 있다. 대부분의 사람들이 애송이로 남아 있으려고 작정했기 때문에 그들은 애송이가 된다. 조물주는 결코 호탕한 성격의 소유자가 아니다. 그녀 ― 조물주를 여성형으로 씀 ― 는 거의 성인들을 배출시키지 않는다. 만약 성인을 탄생시킬 양이면, 그녀는 우물쭈물하거나 얼버무리거나 고민한 나머지 괴성을 지른다. 그렇지 않으면 성전이 무너져 모든 사람을 깔아뭉갤 때까지 성전의 기둥을 흔들어 놓는다. 물론 이따금 성인을 만난다. 그 다음에 그의 존재의 가장 깊은 곳에서 수난하면서 게쎄마니의 고통을 맛보고 있는 누구인가를 만난다. 그러한 사람들은 극소수에 불과하다. 흔히 그들은 책을 쓰는 사람들도 아니요, 강연하러 세계 곳곳을 다니는 부류도 아니다. 후자 쪽에 속하는 사람들은 모래사장에서 노는 아이들이 풍요로운 바닷속에 부러운 눈길을 보내는 처지와 같다. 그들은 해저 탐사로 불림받은 사람들이 아니다. 단지 먼 발치에서만 지켜볼 따름이다.

말을 하다 보니 성인(聖人)들의 수효가 너무 적다는 사실이 씁쓸하기만 하다. 만약 인간의 여정에서 장애물만 제거된다면, 지금보다 훨씬 더 많은 성인이 나올 가능성도 배제할 수 없다. 이 문제는 얼마동안 나를 점유했고, 불교도와 그리스도인이 한데 모인 자리에서 이 문제를 주제로 토의하고자, 명상에 대해 비공식적인 모임을 제안했다. 모두가 이구동성으로 타당한 문제라고 말했고, 따라서 우리는 장애물을 제거하는 문제와 정상을 향해 정진하는 사람들을 돕는 문제에 대해 이야기를 나눴다.

한 불교도가 가장 큰 장애물인즉 두려움이라고 말했다. 이 말에 나는 강한 인상을 받았는데, 그것이 가공할 만한 사실임을 본능적으로 깨달았다. 그는 불교 미술의 대부분이 인간 존재의 심연으로 내려갈 때 생기는 두려움을 야수(野獸)로 표상한 것이라고 말했다. 그렇기 때문에 좌선을 하려고 작은 방석 위에 앉기가 싫어질 때가 온다고 자기의 경험을 말해주었다. 그 생각만 해도 온몸이 부들부들 떨린다고 한다. 또 선방을 박차고 뛰쳐나가 — 일본에서 외국인들은 때때로 좌선에 혐오감을 느끼지만 일본인들은 더 오래 참는 편 — 영 돌아오지 않는 경우도 있다. 이러한 상태에서 수행자는 공동체나 조직의 힘을 크게 입는다고 그는 계속 말을 이었다. 시간의 계율은 수행자를 선방으로 가도록 종용한다 — 탈출할 문이 없기 때문이다 — 그리고 수행자는 계속 정진한다.

그의 말을 듣자, 나는 십자가의 요한이 떠올랐다. 나는 『영혼의 노래』에서 한 구절이 생각났다.

> 나는 어떠한 꽃도 꺾지 않을 것이며, 어떠한 야수도 두려워하지 않을 것입니다.

꽃을 꺾지 않겠다는 말은, 아름다움과 사랑의 근원을 추구하지 못하도록 방해하는 세속의 유혹에 접하더라도, 곧바로 떨쳐버리겠다는 뜻이다. 무시무시한 야수는 불교 미술에 그려진 야수이다. 그것은 신비로운 존재의 심연을 향한 하강의 공포를 나타낸다. 어쩌면 성서 저자들도 두려움을 겪었기에 성서 전반에 걸쳐 다음의 말을 되풀이했는지 모르겠다.

> 두려워 말라. 나다.

되도록 두려움을 극복하려면 두려움의 정체를 확인해야 한다. 아마 가장 좋은 길은 — 야수의 쫙 벌린 아가리와 포효소리를 경멸하고 — 날뛰는 야수의 딱 벌어진 턱에 대고 싱긋 웃는 일인 것 같다. 실제로 그놈들은 결코 상처 입히지 못한다. 그것들을 죽여서는 안되고, 그것들과 싸워서도 안된다. 비웃으면 그만이다. 이것이 초탈이다. 만약 우리가 그것들에게 두려움을 느낀다면, 그것들은 우리에게서 두려움의 냄새를 맡을 것이고 — 마치 이웃집 개처럼 — 따라서 우리는 물리고 말 것이다. 불교도인 내 친구는 조직(組織)의 도움으로 두려움을 이겨냈다. 하지만 일흔 줄에 들어선 서양인들은 이런 식으로 구제될 성싶지 않다. "조직"이란 말이 번잡스러운 데다가 구속하거나 짓궂게 괴롭히는 어떤 기관과 연계되어 있기 때문이다. 하여간 어떤 방법으로 하든지 유혹적인 아름다움과 성내어 부르짖는 야수로 인하여 정진이 중단되어서는 안된다.[1]

물론 하느님이 계시는데 두려울 것이 뭐냐고, 또 도대체 야수의 정체는 무엇이냐고 물을 사람이 있을 것이다.

무엇보다도 혹독한 노고와 관계된 두려움이 있다는 것을 나는 말하고 싶다. 신비주의는 결코 수월한 일이 아니다. 바람에 휘날리는 갈대를 보려고 혹은 부드러운 옷을 걸친 어떤 남자를 구경하기 위해 사막에 들어가진 않는다. 누구든지 이 냉혹한 극기의 법칙 앞에 몸이 움츠려든다. 매일같이 절에서 암송하는 불교식 서약이 깨지고 있는 이유를 생각해 보기 바란다.

우리의 욕망이 아무리 끝이 없다 해도,
우리는 그 모두를 근절시킬 것을 서약합니다.

---

1. 참선이 막 익어가려고 할 때 생기는 현상으로 흔히 魔境이라고 한다. 불교의 탱화와 조각들에서 흔히 볼 수 있는 사천왕상 등은 실로 마경을 쫓아내는 표상을 구현한 것이다. 그런데 마경은 아름다운 이성의 몸을 하고 나타나기도 한다. 마치 베네딕도 성인이 그러했던 것처럼. 하지만 결코 실체는 아니다. 어떤 이는 이러한 현상이 인류가 원시시대 때부터 싸워온 두려움과 힘의 상징인 야수가 무의식에 감추어져 있다가 비로소 드러나는 것이라고 하고, 또 인간의 가장 심원한 무의식의 에너지가 性에 있기 때문이라고도 한다. 아무튼 마경은 참선이 인간 존재의 깊은 부분을 자극하기 때문에 발생하는 현상이다.

그리스도교에서 메시지는 보통 죽음과 생명이라는 단어로 표현된다. 밀알 하나가 땅에 떨어져 죽지 않으면, 한 알 그대로 남아 있을 것이다. 그래서 자기의 목숨을 버려야 한다. 죽음을 피할 도리가 없다. 그리고 이 죽음은 기분좋은 비유가 아니다. 자아에 대한 집착에서 벗어나야 — 이 일은 정말 혹독한 일이다 — 비로소 새로운 자아를 발견할 수 있다 — 그리고 그때에야 비로소 깨달음의 환희가 존재 전체에 넘쳐흐를 것이다.

두려움의 다른 원인이 아직 남아 있다. 신비한 여정에서 어둠 속을 홀로 가야 한다. 현대인은 잠재의식 속에 숨어 있는 유령과 요괴와 허깨비에 대해 알고 있다. 그것들을 무서워할 좋은 구실인 셈이다. 물론 존재의 가장 깊은 곳에서 기쁨과 아름다움이 우리를 기다리지만 명상의 여정에서 다른 것들을 만난다. 나는 우리 안에 억수같은 기쁨이 갇혀져 있다고 믿는다. 이것이 명상을 통해 풀려질 수 있다 — 이따금 그것들은 엄청난 기세로 용솟음치며 존재 전체로 흘러넘쳐, 도무지 어디서 유래했는지 모를 만큼 뜻밖의 행복감을 맛보게 해준다. 이것이 관상의 실상이다. 이것이 禪의 진상이다. 이것이 요가의 진상이다(「기타」에서는 얼마나 이것을 강조하는가!). 사도행전에서도 이것이 발견되는데, 성령강림 속에 반영되어 있다. 이를 맛본 사람은 기쁨으로 충만하고 독신생활을 가치있게 영위해 간다. 여기에 핵심이 있다. 실재를 깊이 간파한 신비가들은 자기 존재의 근저까지 흔들어 놓는 악(惡)을 찾아낼 뿐만 아니라, 게쎄마니의 그분처럼 그들도 피땀을 흘린다. 사물의 중심이 자리한 깊은 곳에는 어둠과 빛, 죽음과 생명, 지옥과 천당이 공존한다. 용(龍)과 야수 또 요한 묵시록에 등장하는 매춘부가 실재한다고 한다. 심지어 환각제를 복용해도 파괴적인 지옥을 경험하고 정신적인 고통과 비참한 상황을 초래할 수 있다면, 존재의 심연으로 내려가는 일도 그와 똑같다고 말할 것이다. 전쟁과 증오, 강제수용소와 고문, 성범

죄와 살인 등은 마음의 무의식 영역과 존재의 가장 깊은 곳에 숨어 있다. 신비주의를 순수한 기쁨의 견지에서 생각하는 것이 비현실적일 수 있다. 아, 악(惡)은 인생의 현실이요, 더군다나 나는 끔찍한 공포가 따르는 신비체험의 경험자들과 만났다.

게다가 그리스도인들은 또 다른 두려운 체험, 하느님은 사라지고 존슨 씨만 남을 것이라고 선사가 말한 그런 체험에 접할 수 있다. 그리스도교의 신비가들도 때때로 하느님은 사라지고, 그래서 그들은 지독한 고독 속에 철저히 버려졌음을 느꼈고, 신앙에만 매달려 어둔 밤을 보내야 했던 적이 있었다. 물론 이것은 하느님을 부인하려는 말이 아니다. 이 말의 뜻은 다만 그분은 인간 본연의 능력으로 알 수 있는 분이 아니며, 따라서 그분이 이제 현실로써 체험되지 않을 때가 온다는 말이다. 어쩌면 인간이 격렬한 체험을 할 때에는 — 마치 극심한 정신적 고통을 겪을 때처럼 — 완전한 마비 상태가 되어 아무것도 체험하지 않은 것처럼 느껴지기 때문인지도 모른다. 이런 현상 역시 신비가들에게 일어난 일들이다. 깊이 정진한 사람이 위기를 극복하기 위해 대항하는지, 그렇지 않으면 좌절하고 마는지 혹은 사회생활에 부적합한 인물이 되는지, 좀더 생각해 보아야겠다. 이런 때 그들은 지도자의 도움을 필요로 할 수 있다. 그리고 나는 여기서 명상을 위해서 중대한 힌트를 또 하나 얻게 되었다.

禪은 조사(祖師)라는 큰 인물에 의해 좌우된다. 별이 떨어지고 달이 핏빛으로 변하고 산이 진동할 때도 그는 태연히 서 있다. 그는 소용돌이와 거친 물살에도 견디는 아주 단단한 바위다. 제자들은 두 개의 생명이 바뀌는 위급한 시기 — 낡은 자기를 버리고 새로운 자기를 찾는 동안 — 에 그를 절대적으로 신봉한다. 그는 환자들이 필사적으로 매달리는 고명한 정신분석학자와 다르지 않다. 이 모든 점을 볼 때, 禪은 오히려 가톨릭과 흡사하다 — 아니 가톨릭이 禪과 흡사하다고 겸손히 말하는 편이 낫겠다.

가톨릭 전통이 외적 권위와 가르침 등을 중요시했다는 말이다. 가톨릭 권위가 지나치게 사법화한 것도 어김없는 사실이다. 그래서 현재 많은 가톨릭 신자들이 이러한 작금의 양태에 대해 언성을 높이고 있다. 그렇다고 나도 덩달아 이 아름다운 화음에 내 거친 목소리를 더할 필요가 없다. 하지만 지도자와 피지도자 사이의 명확한 구분은 눈에 띌 만큼 엄격했다. 대표적인 예로 토마스와 알베르투스, 보나벤투라와 그의 제자들, 이냐시오와 그의 동료들, 그외에도 상당수가 있다. 나는 가톨릭의 교리와 조직과 신앙이 오래전에 확립된 신조를 통해 볼 때, 어느 정도 지도(指導)에 역점을 두어왔을 뿐 아니라, 수세기에 걸쳐 통용된 지혜에서 탄생한 종교라고 말할 의무를 느낀다. 그래서 은둔 신비가들은 한결같이 기만에 빠지지 않고, 애착에 빠지지 않고, 터무니없는 넌센스로 통용되는 온갖 바보 같은 짓에 빠지지 않도록 속옷에 임시 수첩을 넣고 다녔다. 결국 손바닥으로 찰싹 치는 일이나, 등을 툭 치는 행위, 코를 비트는 일 따위가 결코 부당한 행위는 아니었다. 스승의 역할은 이것만이 아니다. 단지 정보를 주는 일로 그치지 않는다 — 정보를 얻는 일은 책을 통해서도 가능하다 — 하지만 사람들로 하여금 깨달음을 얻도록 이끌고, 심지어 그들이 죽고 부활하게끔 적절한 충격으로 혹독하게 대하는 일 역시 그들의 임무였다.

탁월한 능력으로 깨달음을 일깨운 위대한 구루 그리스도께서 직접 사용한 여러 방편이 실제로 비현실적이지 않다고 나는 생각한다. 도와 달라고 애원하는 이교도 여인의 경우를 살펴보자. 예수께서는 "자녀들의 빵을 집어 강아지들에게 던져주는 것은 좋지 않습니다"고 경고하셨는데, 이런 면박은 禪에서도 비슷하다. 하지만 여인은 요구대로 일을 성사시킨다. 그녀는 한사코 그 말을 맞받는다. "사실 강아지들도 그 주인들의 상에서 떨어지는 부스러기는 먹습니다"며 여인은 아뢴다. 그리고 이 전적인 상실로 여인은 몹시 갈망하던 깨달음을 얻게 된다. "집에 가시오. 더러운 악령이 당신의 딸에게서 나갔소"(마태 15,26-28 참조).

예수께서 전적인 죽음을 요청한 다른 구절에서와 마찬가지로, 이 부분에서도 죽음과 부활의 양식이 뚜렷하게 드러난다. 너희가 가진 것을 모두 팔아 가난한 사람에게 주어라. 그렇게 하면 너희가 깨달음을 얻을 것이다. 하지만 너희가 바늘귀를 빠져나가려고 애쓰는 낙타처럼 되기를 더 바란다면 … 어쩌면 모든 종교 전통이 철저한 상실, 즉 죽음을 통해서만 깨달음에 이를 수 있다는 것을 가르치는 것 같다. 아브라함을 생각해 보라. 그에게 이사악은 모든 것이었다. 그리고 아브라함이 그의 외아들 이사악을 막 죽이려고 할 때, 그는 세상 만민이 그의 후손으로 인하여 번창할 것이라는 놀라운 약속을 들었던 것이다. 여기서 그는 깨달음을 얻는다. 나는 여기서 스승의 중요한 임무가 우리를 살리기 위해서, 우리가 죽게끔 돕는 일이라는 진실을 말하고 있다.

그런데도 오늘날 우리는 충분한 자격을 갖춘 구루를 찾아보기 힘들다는 서글픈 푸념에 접한다. 이 말은 비단 서양에서뿐만 아니라 일본과 인도에서도 들리는 소리다. 아, 신학 시장(市場)이 직업을 구하러 빈둥대는 철학박사들 — 신학박사들인가? — 로 넘치건만, 훌륭한 구루는 도대체 어디를 가야 만날 수 있단 말인가? 이런 결핍 상태로 인해 때때로 그리스도인이 불교의 선사를 찾아가거나 혹은 불교도가 그리스도교의 지도자를 찾는 등 자기 종교 전통 밖에서 스승을 구한다. 그러나 나는 이런 식의 사고방식을 찬성하지 않는다. 그런 일이 의미가 있을까? 죽음과 부활의 동기가 흡사하고, 한 사람의 불교도가 한 사람의 그리스도인의 모습으로 적절한 옷을 차려입을 수 있겠지만, 서로의 근본적인 신앙은 다르다. 하나는 그리스도를 믿고 다른 하나는 불성을 믿는다. 그리고 이 점을 솔직하게 직시해야 할 것이다. 이것저것을 뒤섞어 놓을 수는 없다.

내가 보기에 그리스도인들도 자기의 지도자 혹은 선사를 설정해
놓을 필요가 있다고 생각한다. 이 말은 철학박사보다는 구루 쪽으
로, 공부는 덜 했지만 명상을 많이 한 사람, 대학교에는 다니지 않
았지만 명상을 자주 하는 사람을 지도자로 삼으라는 뜻이다. 흔히
깨달음은 스승으로부터 제자에게로 전수된다고 한다. 그렇지만 이
런 사슬 관계를 맺지 못한 사람들인 경우, 사막에서 단식하고 기도
하고 하느님의 목소리를 듣기 위해서 성령의 이끌림을 받아야 한
다. 그런 다음 다른 일들, 즉 교실에 들어가서 수학을 가르치는 일
따위에서 손을 떼어야 할 것이다.

이따금 나는 나 자신과 다른 사람들에게 이렇게 질문을 던지곤
한다. 이 일이 선사의 도움 없이도 가능한지 그리고 죽음과 부활이
다른 식으로 전개될 수 있는지. 나는 교토에서 접심에 참가하는 중
에 이런 생각을 해보았다. 거기에서 교수들과 학생들은 선사의 도
움 없이 7일 동안 참선을 했다. 독참 대신 자기들의 내적 생활을 서
로에게 펼쳐보였다. 모든 이가 좌선하러 들어가야 하는 짜여진 시
간에, 우리는 참가자 중에서 한 사람을 자기의 지도자로 선택할 수
있었다. 그는 자기가 선택한 사람 앞에 무릎을 꿇고 깊게 절을 한
다음, 둘은 간단히 담소할 만한 조용한 방으로 자리를 옮겼다. 이
방법이 완전히 성공적이었는지 그렇지 않았는지에 대해서는 잘 모
르겠다. 나는 다만 가능성을 언급하고 싶을 따름이다.

다른 가능성도 있을 수 있는데, 그것에 대해서는 다음 장과 마지
막 장에서 다루고자 한다. 그리스도교에서 구루나 선사의 역할이
한 개인에게 한정되지 않고 공동체에게 주어질 수 있다. 이 생각은
내가 미국에서 성령운동[2]을 보았을 때 절실히 느꼈다. 성령의 은총

---

2. Pentecostal movement: 성령의 작용을 강조하고, 생활의 聖性을 역설할 뿐만 아니
   라 이상한 말로 억누를 수 없는 종교적 감정을 나타내는 근본주의자(fundamental-
   ist)에 대해 일컫는 경우가 많다.

을 기도하는 안수례와 몸에 가하는 충격과 카리스마적인 기도가 선사의 호된 힐책 못지않게 효과를 줄 수 있다. 만약 그게 사실이라면, 그리스도인의 禪은 완성을 기하기 위해 성령쇄신이 다시 필요하다는 뜻일 것이다. 그리고 마찬가지로 성령쇄신은 좌선의 침묵을 통해서 크게 도움을 얻을 것이다. 이에 대해서 더 보충 설명하겠다.

정진에 대해서 말하려 할 때 언급하고 싶은 점이 두 가지 있다. 첫째로 禪이나 관상에 있어서, 정진은 나이와 관계있다고 나는 생각한다. 마치 아리스토텔레스가 젊은이와 감정적인 사람들은 철학에 적합치 않다고 말한 것과 같은 맥락이다. 이와 비슷한 말을 관상생활이라는 더 높은 고지를 향하는 사람들도 들었을 것이다. 물론 젊은이가 ― 만약 그들이 강인하다면 ― 일본 禪의 엄한 훈련에 다소 유리한 것도 사실이다. 하지만 정적과 고요한 깊이에 다가가기 위해서는, 어떤 나이층이 아마 더 유리한 것 같다. 융(Jung)은 인생의 중간층 ― 35세에서 45세의 사람들 ― 이 종종 관상을 시작한다고 말한다. 실제로 내가 그의 말뜻을 정확하게 파악했다면, 이 말은 곧 정신생활이 순조롭게 진척되고 있는 사람의 경우 이 무렵에 관상가가 된다는 뜻일 것이다. 심리학자들이 말하기를, 이 나이층에 있는 사람들이 일반적으로 격정의 폭발과 절망과 성적(性的) 격변을 일으킨다고 한다. 하지만 이 나이가 동시에 기회의 시기이며, 관상에 눈뜨는 시기이기도 하다. 어쩌면 노인에 대한 전통적인 동양의 공경심은, 젊은이들이 갖추지 못한 관상적 지혜를 노인들이 갖추었고, 노인의 기쁨이 정신생활을 잘 영위함으로써 생겨난 것이라는 인식에 기초할 것이다.

그리고 마지막으로 중요한 것이 있다. 독신생활은 禪과 같은 것에 깊이 몰입하고자 하는 사람에게 크게 유익하다는 점이다. 요즈음 많은 사람들이 독신생활에 대해 말하고 책을 출판하기 때문에 미숙한 내 생각을 밝히기가 망설여진다. 그럼에도 불구하고 아주 짧게 내 의견을 피력함을 양해해 주길 바란다.

아무튼 독신의 가치는 무엇인가? 우리는 독신생활이란 아주 보람 되다, 더 많이 "열려진" 삶이다, 더 많은 시간을 활용할 수 있다 등 의 소리를 들어왔다. 누구든 호된 명상 수행에 전념하고 싶은 자는 사업에 몰두하지 못한다라는 말도 있다. 혹은 결혼한 남자는 그의 가족에 아주 얽매여 있다는 말도 있다. 이 말들이 모두 사실일 수 있다. 그러나 독신에 대한 고대 동양의 공경심은 이런 데서 유래하 지 않는다. 그것은 독신자 ─ 그가 정말 순결하다면 ─ 는 영적인 힘이 강했다는 신념에서 시작한다. 어쩌면 그의 성적 에너지가 영 적 에너지로 환원되었기 때문일 것이다. 이 힘으로 독신자는 지혜 를 추구하고 관상적 사랑을 실천하는 데 큰 덕을 보았다. 그때문에 그는 신비주의의 더 유력한 지망자가 될 수 있었다. 게다가 초탈은 신비주의의 필수이다. 나는 독신처럼 인간의 기질을 철저히 말살해 버린 초탈이 어디 또 있는지 생각해 본다. 독신은 인간 존재의 중심 에 가공할 만한 고독을 창출한다 ─ 그리고 맹목적인 사랑의 설레 임이 일기 시작하는 곳은 엄밀히 말해 이 텅 빔〔空〕에서부터이다. 이 고독은 내적 세계로 향하도록 인식의 문을 연다. 따라서 다른 방 법으로는 접근하지 못한다. 고독은 신비주의를 위해 가장 좋은 토 양을 창출한다.

만약 독신이 현대 그리스도교에서 거의 공경받지 못한다면, 그것 은 신비주의의 결핍으로 인해서다. 아무튼 두 가지가 서로 손을 맞 잡고 간다. 신비가들이 모두 독신이어야 한다는 말은 아니다 ─ 결 혼생활을 할 수도 있다 ─ 그러나 독신자에게 더 유리하다. 그리고 신비주의를 공경하는 문화는 결코 독신생활을 경시하지 않는다. 이 른바 가톨릭 교회에서 독신의 위기는 또한 신비주의의 위기라고 말 할 수 있을 것이다.

깨 달 음

깨달음에 대해 쓰지 않는다면 禪에 대해 쓴다고 할 수 없다. 깨달음은 만물의 핵심이요, 실제 불교 전체의 핵심이다. 깨달음을 통해 위대한 지혜가 발견됨은 물론이거니와, 번뇌의 속박에서 해방된다. 불교의 효시인 부처의 깨달음은 역사상 가장 위대한 사건 가운데 하나이다. 禪의 모든 것이 깨달음에 맞물려 있지만, 절대로 그것에 욕심을 내지 말아야 한다는 흥미로운 역설이 가능하다. 그러자면 수행의 전 과정을 손상시키는 애착심을 지우고 베어내야 할 것이다. 예로부터 전해오는 말이 있다. 모름지기 아무것도 탐내지 말아야 한다는 것이다 — 그리고 無는 無를 의미한다.

오늘날 일본의 어떤 禪 종파에서는 깨달음에 대해 이러쿵저러쿵 쓸데없는 말이 많다. "그 — 혹은 그녀 — 가 깨달음을 얻었네, 혹은 얻지 못했네." 禪에 열심한 변호사인 친구가 내게 말하기를, 어떤 절에서 접심을 가진 후에 깨달음을 얻은 사람과 그렇지 못한 실격자로 나누어지곤 한다는 것이다. 내 친구는 항상 실격자들 틈에 있었기 때문에 이런 식의 편가름에 상당히 지쳐 있었다. 하지만 그는 항변했다. 문제는 자기의 기분이 상해서가 아니라 — 그는 철학에서 위안을 삼을 수 있었음 — 이러쿵저러쿵 소문이 분분한 것에 대해 마땅히 분개한 것이라고 했다. 그가 말하기를 참된 禪은 거룩하고 은밀하지만, 말[言]이란 대체로 소박하고 순수한 영(靈)에서 벗어나 있기 때문에, 禪에서는 모든 일에 대해 말을 삼간다는 것이다("잘 아는 사람은 말하지 않는다. 오직 잘 모르는 사람만이 지껄

일 따름이다"). 나는 대부분의 참된 禪 수행자들이 나름대로의 기본 원칙을 지지할 것이라고 생각한다. 다른 한편, 깨달음이 위대한 내적 체험인 경우, 시적(詩的) 기질을 지닌 사람으로 하여금 감동적인 격정을 못이겨 멜로드라마에 빠지도록 충동질할 수 있다. 심지어 스즈끼 박사도 깨달음에 대해 저술할 당시 그러한 멜로드라마적 필치에서 완전히 벗어나지 못하고 있다.

거듭 깨달음에는 다양한 정도가 있다는 것을 명심해야겠다. 그리고 어떤 스승은 다른 스승에 비해 제자의 깨달음을 섣불리 인정해 준다는 사실도 알아두어야 할 것이다. 수십 년을 한 조각 깨달음도 얻지 못하고 부지런히 좌선만 하다 세월을 보낸 사람들의 이야기를 들었을 것이다. 이런 경우에도 그들이 시간만 낭비했다고 말해서는 안될 것이다. 소우토우종의 창시자인 도우겐(道元)은 좌선 자체가 깨달음의 한 형태라고 주장했는데, 이는 다시 십자가의 요한에게도 적용된다. 그는 말하기를 비록 경탄할 만한 체험에 이르지 못했더라도 관상의 어둠 자체가 깨달음 — 그에게 있어 상상이 배제된 어둠은 곧 신앙이요, 신앙은 곧 깨달음이었음 — 이라고 했다. 이 주장은 옳다. 나는 깨달음의 체험을 미화하고 극화하는 일은 잘못이라고 생각한다. 禪을 마치 마약 복용에서 느끼는 짜릿한 느낌으로 둔갑시키는 것이 바로 이것이다. 사실상 중요한 것은 개인의 정신생활에 가해지는 갑작스런 충격이 아니라 철저한 변화가 계속 이어지는 것이다. 중요한 것은 바울로처럼 새 사람이 되는 것이고, 낡은 삶이 사라지고 새로운 창조를 맞이하는 것이다. 나는 멜로드라마가 아닌 점진적인 깨달음이 반드시 가능하다고 믿는다. 변화란 사람의 깊은 곳까지 파고들어 천천히 일어나는 움직임이지, 결코 갑작스럽고 일시적인 심경의 바뀜을 뜻하는 것이 아니다.

어쨌든 내가 여기서 다루고 싶은 것은 그리스도인의 깨달음이다. 그런데 과연 그리스도인이 禪을 닦는다면, 불교도가 체험하는 것과 똑같은 체험에 도달하게 되는가? 아니면 다른 어떤 종류의 체험에 이르게 되는가? 그리스도인에게도 끊임없는 참선 수행이 실제로 가능한가? 또 알맞은 지도가 선의(善意)와 결연한 의지를 지닌 그리스도인으로 이끌 수 있는가? 나는 그리스도인의 깨달음의 유형을 세 가지 종류의 체험으로 분류해 보고 싶다.

우선 기본적인 깨달음이 있다고 생각하는데, 그것은 그리스도인이나 불교도나 다른 종교인에 한정적으로 주어지는 것이 아니다. 인류 전체적인 것이다. 제3장에서 인용한 머튼의 편지로 비추어볼 때, 머튼이 말하는 깨달음, 어떤 의미에서 인간은 모든 범주와 종교와 그밖의 것을 초월한다'는 말은 이와 관련이 있는 것 같다. 내가 보기에, 이 체험은 비록 제각기 개조된 형태를 띠고 있지만 모든 문화 속에서 발견되는데, 곧 자기를 잃어버리고 모든 것이 하나된 체험이다.

엘리엇(T. S. Eliot)은 미학(美學)과 관련지어 깨달음에 관해 훌륭한 책을 저술했다. 나는 일전에 그리스도교 수도자를 만난 적이 있는데, 그는 수도원에 입회하기 전에 「플라톤」을 읽던 중 돌연 심원한 깨달음 — 그는 그것을 무엇이라고 불러야 좋을지 몰랐음 — 을 체험했다고 말했다. 그런 후 또 다른 특이한 그리스도교적 체험들을 했지만, 처음의 체험이 더 보편적이고 특별히 그리스도교적이지 않아 그에게 더 깊은 감명을 주었다는 것이다. 그럼에도 불구하고 그는 처음의 체험으로 말미암아 수도자가 되기로 결심했다고 말했다. 그의 말은 흥미로웠다. 나는 언제나 플라톤이 깊이 깨달은 사람이라고 생각해 왔기 때문에, 그 아름다운 그리스인이 참으로 심오한 깨달음의 발판이 될 수 있다는 말에 수긍이 갔다.

---

1. "저는 그리스도인이 불교도처럼 쉽게 깨달음에 이를 수 있다고 확신합니다. 그것은 모든 형식과 상상과 개념과 범주 등을 초월하는 경우에 그러합니다. 하지만 우리가 이것을 어렵게 만들고 있지 않는지요"라고 한 머튼의 편지를 상기할 것.

둘째로는 특별히 유대-그리스도인들의 깨달음의 체험이다. 그것
은 다마스커스로 가는 길에서 깨달은 바울로의 체험으로, 눈부신
빛을 받아 말에서 떨어졌을 때, 그는 예수의 말씀을 들었다. 또 이
땅은 거룩한 곳이니 신을 벗으라는 말을 들은 모세의 체험이 있다.
또 이사야와 그밖의 예언자들의 체험이 있다. 덧붙여, 나는 십자가
의 요한과 데레사 등의 변모된 "상처"를 같은 부류에 넣고 싶다. 그
러한 체험들은 아주 흥미롭지만, 한편으로 禪의 대화방식과 너무나
거리가 멀기 때문에 같은 부류에 포함시키는 일이 좀 망설여지기도
한다. 그들의 체험은 그들이 받은 성소(聖김)와 아주 밀접한 관련이
있다. 그래서 그들의 체험은 소수인을 위한 것이다. 결국 어떠한 방
법을 동원해도 이런 유형에 이르게 할 수는 없다.

셋째 체험 유형은 가장 가능성이 크다고 여겨지는 것으로, 회개,
즉 "메타노이아"(*metanoia*)이다. 내 생각에 이것은 성서에서 요구
하는 종교적인 체험이고 세례자 요한의 입을 통하여 표현된 체험이
다. "회개하시오. 하늘나라가 다가왔습니다"(마태 3,2). "회개" 혹
은 "참회"란 말이 지금 불행하게도 도덕적인 의미를 지닌 용어가 되
어 버렸다 — 예를 들어 "그녀는 이제 더 이상 위스키를 마시지 않
기 때문에 회개한 거야" — 하지만 본래 뜻은 그렇지 않다. 회개란
정신과 마음의 변화였다. 그리고 그 생생한 표현이 사도행전과 바
울로의 서간들에 나타나는데, 거기서 우리는 그리스도인임을 말해
주는 성령의 세례에 대해 읽을 수 있다. 얼마나 대단한 체험이던가!
그리고 그것은 오늘날 이 시대에도 현존하고 있다. 때때로 그것을
받은 사람이 너무나 강한 충격을 느꼈다고 말하기도 한다. 그러고
나서 깨달음이 존재 전체에 충만할 때와 비슷한 해방된 기쁨이 뒤
따른다. 가장 주목할 만한 효과는 예수가 주님이시라는 선포와 그
분을 찬미하고 싶은 마음이 우러나온다는 것이다. 이 회개 체험이
제4 복음서에서도 발견된다. 여기서 이 체험은 곧 보는 것으로 표

현된다 — "전에는 내가 보지 못했지만 지금은 봅니다." 그것은 앞을 보지 못했던 눈이 떠져 비로소 그리스도의 영광을 보게 되는 것이다. "우리는 그분의 영광을 보았습니다. …"(요한 1.14).

방법은 다소 다르지만 사도 시대 이래 수세기 동안 마치 禪의 스승이 그의 제자들을 깨달음으로 이끄는 것처럼, 메타노이아의 강한 체험이 사람들을 이끌어 왔다. 메타노이아는 갑작스런 체험이 아니었다. 그것은 평소의 신앙과 다르지 않았다. 그것은 일련의 "회개"로 거듭 체험되는 평소의 신앙 바로 그것이었다. 그후 16세기에 이르러, 이 위대하고 전통적인 회개로 사람들을 확실하게 이끈 로욜라의 이냐시오의 "영성 수련"이란 방법이 있다. 이냐시오는 다마스커스로 가는 길에서 바울로가 체험한 것과 똑같은 체험을 사람들이 하기를 꾸준히 기대했고 — 앞서 언급한 대로, 이 방면에 대해 나는 그다지 열성적이지 않음 — 영혼의 가장 깊은 곳으로 사람들을 이끄는 방법을 확실히 알고 있었다. 그러나 트리엔트 공의회 이후, 가톨릭 교회는 회개나 메타노이아에 대한 기본적인 가르침을 가지고 있었지만, 일종의 종교 체험들 특히 주관적이고 감정적인 체험들을 수상쩍게 생각하는 풍토였다. 따라서 종교 체험들이 성령강림의 차원에서 갑작스런 회개를 강조하는 개신교의 가치로 남게 되었다. 이제 그 가치는 각 계층의 모든 그리스도인에 의해 인식되었고, 이른바 성령쇄신이 강력하게 교회를 강타하고 있다.

이제부터 나는 회개나 메타노이아가 깨달음과 같다는 말을 더 언급하지 않기로 한다. 그리고 禪의 방법이 만약 그리스도인에 의해 채택된다면, 갑작스런 회개를 통해 절정에 이를 것임을 말하고 싶다. 禪이 그리스도교의 분위기 속에서 진행되고 그리스도교의 전례와 만난다면, 禪은 이 깊고 환희에 넘치는 메타노이아로 사람들을 초대할 것이다. 다시 말하건대, 그런 체험은 인간의 평상심(平常心)과 다를 바 없다는 사실 때문에 깨달음과 공통점이 있다. 그것은 바울로의 다마스커스 체험과 같지 않고 모세의 호렙 산 체험과 같지 않다. 그것은 그리스도인의 일상사가 되어야 한다. 아무튼 내가 신약성서를 이해하는 식도 그렇다. 그렇지 않다면, 신앙은 나약하고 피상적인 것이 된다. 자, 내가 어떻게 갑작스런 메타노이아의 가치를 인정하게 되었는지 그리고 그것이 그리스도교 식으로 禪을 수행하는 사람들과 어떤 관계가 있는지 간단히 설명해 보겠다.

1970년 여름, 내가 미국에 도착했을 때 나는 가톨릭의 성령운동에 대한 이야기를 처음 들었다. 사람들이 내게 들려준 바에 의하면, 그들은 이상한 사람들로서 감정을 노골적으로 드러내면서 기도 — 이른바 통송기도 — 하고 대체로 다량의 감정을 노출시키면서 그리스도교 신앙을 표현한다는 것이었다. 나는 천성적으론 그렇지 않지만 교육으로 인해, 사물에 대한 감정을 엄격히 종교적으로 다스리는 편이라, 그들이 이상한 사람들이라는 주장을 다소 무비판적으로 받아들였다. 차라리 "성령쇄신"(charismatic renewal)이라는 용어를 사용했더라면 사람들로부터 거부감을 덜 받았을 텐데 하고 생각해 보았다. 어쨌든 여름이 다 지날 무렵, 나는 미국 동부 해안에 위치한 한 수녀원에 기거하고 있었는데, 수녀들은 나에게 가톨릭의 성령운동 모임에 참석해 달라고 부탁했다. 수녀들과 접촉했던 사람은 수녀들이 설득력있다는 것을 알고 있었다. 그래서 나는 내적 생활을 위해 그 모임에 가보기로 마음먹었다.

많은 인파가 교구 강당에 집합해 있었다. 젊은이와 노인, 흑인과 백인, 머리가 긴 사람과 짧은 사람, 수염이 덥수룩한 사람과 깨끗이 면도한 사람을 막론하고. 우리는 조용히 둥그렇게 둘러앉았다. 그러고 나서 좀 시간이 흐르자 여기저기서 일어나 자발적으로 기도하는 사람이 있는가 하면, 성서를 읽는 사람이 있고, 기도를 청하거나, 체험담을 나누거나, 소리내어 방언을 하는 사람도 있었다. 모인 사람들이 함께 기도하고 찬송하기도 했다. 자연스럽게 일치하는 모습과 평화롭게 진행되는 모습은 퍽 감동적이었고, 나의 선입견은 사라지기 시작했다. 누구 하나 이미 짜여진 계획에 의해 행동하는 사람이 없었고 어떤 규칙이나 규정을 따르지도 않았다 — 그들은 성령을 따르고 있었던 것이다. 나는 자율을 추구하는 사람들이 중세의 카니발 행사와 현대의 첨단 장치를 이용한 행사, 혹 감수성 훈련 기간 따위의 떠들썩한 분위기 속에서 곧잘 자발적으로 행동한다고 생각했다. 하지만 여기에 모인 사람들은 평화스런 분위기 속에서 깊은 신앙심을 자발적으로 표현하고 있었다. 다른 것은 별개로 치더라도, 심리적으로 건전한 것만은 확실했다. 전체 모임이 끝나자, 우리는 그룹으로 나뉘었다. 어떤 그룹은 입단 교육을 받고 어떤 그룹은 안수기도를 하고 어떤 그룹은 성령세례를 청했다. 나는 성령세례를 받았다.

이런 일이 禪과는 상당히 동떨어진 이야기처럼 들릴지 모른다. 어떻게 그처럼 자발적이고 시끄러운 일이 심원한 좌선의 침묵과 관련있을 수 있을까? 하지만 나는 관계가 있다고 생각한다. 왜냐하면 앉아 있기만 하는 禪은 잘못된 禪이라고 생각하기 때문이다. 禪에는 성령운동의 자발성과 열정을 가지고 행동하고 외치는 것과 흡사한 또 다른 측면, 사뭇 모순되어 보이는 측면이 있다 — 이를테면 행동하는 것, 즉 추론적인 사고의 영역에서 나오는 행위가 아니라 존재의 가장 깊은 곳에서 우러나온 행동이 존재한다. 禪 문학에는 재미있는 기담(奇談)으로 가득하다. 예컨대, 연못 속으로 뛰어든 사람에 관한 이야기, 다른 사람의 코를 비튼 사람에 관한 이야기, 동문서답하는 사람들의 이야기 등등. 물론 그들이 방언을 한 것은 결코 아니다. 하지만 어쩌면 그들은 다소 비슷한 일을 했다고 나는 생각한다. 돌이켜보건대, 내가 참가한 접심에서 며칠이 지나자, 참가자들 가운데 몇 사람은 목청껏 "무 … 무 … 무 … 무우우우우우우우우우우!"라고 소리지르기 시작했다. 나는 이것이 억눌려 있는 에너지를 풀어주는 방식이라고 생각했다. 왜냐하면 존재의 가장 깊은 곳에서 터져나오는 것처럼 보였기 때문이다. 그것을 보자 나는 "예수!" 혹은 "하느님!" 하고 부르짖거나 혹은 기도하다가 긴장된 순간에 소리지른 그리스도교의 신비가들이 떠올랐다. 이런 현상은 깊은 정신적 에너지가 작동하고 있기 때문이라고 생각한다. 그 사람의 종교 체험이 정신생활의 가장 깊은 부위를 건드렸다는 표시다. 하지만 동시에 그것은 오직 결과일 뿐 가장 중요한 것은 아니다. 이는 바울로의 의견과도 상통할 것이다. 바울로는 영적 선물 가운데 비교적 낮은 등급에 해당하는 방언의 은혜에 늘 주의한다. 그는 중요한 것은 사랑이라고 강조한다.

다시 성령운동 집회로 돌아가서 내가 보기에 안수기도, 사람들의 기도, 공동체의 사랑 — 이러한 것들은 정신적 에너지를 일깨워, 마침내 좌선에 항구하게 전념하는 사람들에게 깨달음을 가져다주는 힘이 될 수 있다. 그리스도인에게 그것은 메타노이아다. 그러나 이렇게 되기 위해서 여러분은 반드시 죽어야 한다. 그리고 여러분이 성령의 세례를 받고자 무릎을 꿇을 때, 그런 일이 일어난다. 여러분은 죽는다. 나의 경우, 개인적으로 성령의 세례는 위대한 사건이었다. 나는 이 사건을 통하여 초기 그리스도인들도 이를 체험했으리라는 생각을 하게 되었다. 그리고 이 사건을 통하여 깨달음도 이와 비슷할 것이라는 암시를 받았다.

그래서 결국 성령운동자들은 이상한 사람들이요, 나 역시 이상한 사람이 되고 싶다는 것이 솔직한 심정이다. 왜냐하면 여러분이 깨달음을 얻고자 한다면, 여러분은 이상한 사람이 되어야 하기 때문이다. 약물로는 이렇게 될 수 없다. 이것이 불교와 그리스도교의 가르침이자 죽음과 부활의 교의(教義)이다.

게다가 내가 깨달음을 얻는 데에는 두 가지 요소가 필요하다고 말할 때 그 의미는 이것이다. 내적 명상과 외적 사건. 흔히 말하는 좌선이나 명상만으로는 충분치 않고, 안수 기도만으로도 부족하다. 선사나 공동체가 가하는 외적 자극이 내적 체험을 완성시킨다. 나는 어떤 나이든 스승이 여기에 능숙하다는 말을 들었다. 그의 말인즉, 깨달음을 얻을 때 여러분은 마치 달걀을 막 깨고 나오려고 하는 어린 병아리와 같다는 것이다. 좁은 곳에서 나오려고 계속 발버둥치지만, 어미닭이 밖에서 달걀 껍질을 쪼아주지 않는다면 절대로 깨고 나오지 못한다. 이와같이 여러분의 명상도 날로 성숙해지고 있지만 밖에서 여러분에게 주어지는 자극이 없다면 여러분은 결코 명상의 정점(頂点)에 도달할 수 없다.

나는 성령운동의 체험에 관해서 이미 언급한 바 있지만, 그것만이 회개로 가는 유일한 방법이며 모든 사람에게 해당되는 길이라는 말은 아니다. 나는 성사(聖事)들도 똑같은 효력을 가진다고 믿는다. 성사는 인간을 내면의 세계로 이끄는 외적 상징이라 할 수 있다. 만약 깨달은 그리스도인들과 말해 본 사람이 있다면, 그들이 세례를 받을 때나 성체를 영할 때나 죄 사함을 받을 때에 가장 큰 체험을 했다는 것을 알게 될 것이다. 고해성사의 경우, 고해 신부는 선사의 위치에 있다. 그는 적당한 충고를 주는 친절한 상담자 — 비록 그가 그 일을 아주 잘한다 해도 — 로 자리하는 것이 아니다. 그는 재판관처럼 판결을 내릴 수도 있고, 동양의 어떤 구루처럼 혹은 갈릴리 바다를 걸었던 위대한 구루처럼 고해자에게 회개를 강요할 수도 있다. 그러면 고해자는 죽는다. 그는 모든 것을 잃는다. 그러고 나면 부활이 온다 — 정신적 고뇌에서 해방되고, 환희와 웃음과 빛나는 태양과 깨달음 등이 도래한다.

아무튼 나는 성령운동을 통해 禪의 깨달음과 그리스도교의 회개 혹은 메타노이아가 유사하다는 것을 알게 되었다. 내가 처음으로 禪을 알게 된 후부터, 나는 이 간단한 발상에 계속 잠겨 있었다. 나는 이 세상에서 자신이 바라는 바가 무엇인지를 명백히 알고 있는 사람들이 있다고 느꼈고 — 일종의 부러움 — 이에 반해 그리스도 인들이 대체로 이에 무관심했다. 불교의 남승[比丘]과 여승[比丘尼] 들은 특히 여기에 해당되는 인물이다. 그들은 깨달음을 원했고 오 직 여기에만 철저했다. 내가 말한 것처럼 목적의 단일함이 나를 크 게 감동시켰다. 그리고 불교가 깨달음을 중심에 두는 것처럼, 그리 스도교는 회개를 중심에 둔다는 것을 인식하기 시작한 것은 그로부 터 훨씬 뒤였다. 너희 생각과 마음을 바꾸라. 하느님 나라가 다가왔 다. 바꾸라! 변하라! 이것이 그리스도와 예언자들의 한결같은 요청 이다. 그것은 거듭 태어나라는 초대요, 의식을 바꾸라는 요구요, 새 로운 인간이 되라는 요청이다.

내가 아는 바에 의하면 이것이 그리스도교의 전부요 따라서 신앙 이다. 그리스도교는 마치 스즈끼 박사가 최고의 시적 경지에서 쓴 작품만큼이나, 세상을 떠들썩하게 하고 영혼을 뒤흔드는 개혁과 연 관있다. 우리가 이를 망각한다면, 우리의 신원은 술에 물탄 듯 희석 되어 버리고 그리스도교는 단지 어쩌다가 통용되는 사회적 관습에 지나지 않을 것이다.

나에게 있어 — 대부분의 그리스도인들의 경우도 같다고 생각함 — 이 기본 메시지는 규율과 규정과 선대(先代)의 전통 — 잔과 주 전자, 동으로 된 용기를 씻는 전통 — 유지로 말미암아 모호하게 가 려진 것이었다. 나의 백성들이여, 너희의 마음을 쥐어뜯어라. 너희 의 옷을 쥐어뜯지 말고 너희 마음을 쥐어뜯어라. 우리는 너무나 오 랜 세월 동안 우리의 옷을 쥐어뜯고 있었다. 우리는 너무나 오랫동 안 눈에 보이는 장신구와 겉모양의 변화만을 추구해 왔었다. 이제 문제를 마음 쪽으로 돌릴 때이다.

따라서 지금 그리스도교는 — 적어도 나에게 있어서는 — 禪과 마찬가지로 한 가지만을 염두에 두고 있다. 그것은 개인 및 공동체 와 그리스도를 따르는 사람들에게 던지는 회개의 문제이다. 공의회가 마음이 변해야만 외형도 변한다고 말했을 때, 나는 이 점에 역점을 두고 한 말이라고 생각한다. 禪은 우리 모두에게 이 점을 상기시키고, 산상설교를 하신 위대한 구루의 목소리에 귀를 기울이는 그리스도인들에게 크게 기여할 것이다. 역사적으로 크나큰 전환기에 — 현재 우리가 전환기에 있다는 것을 부인할 사람이 있을까? — 세상은 줄곧 통찰력과 깨달음을 지닌 남녀들을 찾고 있었다. 어쩌면 불교와 그리스도교의 상호 협력으로 그러한 사람들이 배출될 수 있고, 그들의 삶은 우리 시대에 적절하고 가치있는 푯대가 될 것이다.

자 세

(138쪽과 139쪽의 그림 참고)[1]

몸의 자세가 명상의 모든 것이라고 하더라도 그것을 맹목적으로 숭배하는 일은 옳지 않다. 제법 정진한 사람조차 신체적인 핸디캡 때문에 이미 알려진 몸 자세를 취하지 못하는 수가 더러 있다. 그런 사람들도 禪의 방식에 따라 조용히 명상할 수 있다. 사실 禪과 관상은 병상에서 흔히 수행된다. 그러나 이 점을 감안하고라도, 실제로 전통적인 자세는 그것을 활용할 수 있는 사람에게 대단한 의미를 지닌다.

그림 1과 2는 결가부좌이다.[2] 이 자세는 아주 오래되었다; 인도에서 불교가 발생하기 전부터 있었다고 추정되며, 고대 이집트에 대한 연구에서 발견되었다고 한다. 결가부좌는 왼발을 오른쪽 대퇴부에, 오른발을 왼쪽 대퇴부에 올려놓고, 가볍게 이쪽저쪽을 움직이면서 바르고 편안한 자세를 취하는 자세다. 머리는 아주 조금만 앞

---

1. 친절하게 그림을 그려준 기무라 미와코 양에게 감사드린다.
2. 전통적인 結跏趺坐란 먼저 왼쪽다리를 오른쪽 허벅지 위에 깊숙히 끌어올려 놓은 다음에 오른쪽다리를 왼쪽 허벅지 위에 깊숙히 끌어올려 놓는 자세이지만 다리의 순서가 바뀌어도 무방하다고 본다. 주의할 점은 발가락 끝선이 대퇴부 끝선과 가지런해야 할 것이고, 발뒤꿈치가 아랫배에 닿을 정도가 좋다. 어떤 좌법에서든지 온몸에 힘을 완전히 빼야 한다. 아랫배에 힘을 주라고 권하는 책도 있지만 결코 지나치게 힘을 주어서는 안된다. 결가부좌와 반가부좌의 자세를 올바르게 취하고 있다면 단전 부위에 은근한 힘이 자연히 생긴다. 그 정도가 알맞다. 올바른 자세 — 다른 자세에도 적용되는 말 — 는 자연스럽고 몸의 어디에도 힘이 들어가지 않는 자세다.

그림 1

그림 2

그림 3

그림 4

그림 5

그림 6

그림 7

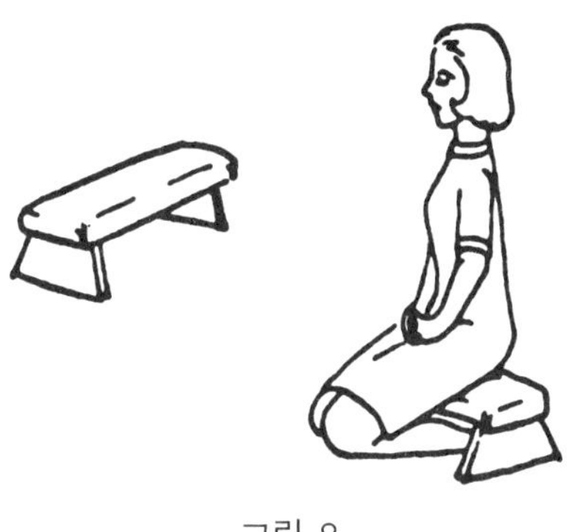

그림 8

그림 9

쪽으로 숙이고,[3] 시선은 한 지점에 고정시키나 그렇다고 초점을 맞춰서는 안된다. 시선을 십자가 위에 두고자 하는 사람은 60~70센티미터 떨어진 바닥에 십자가를 내려놓으면 된다. 이는 십자가의 의미에 대해 생각해 보라는 말이 아니다 — 십자가를 단지 거기에 두는 것이다. 이 자세는 커다란 상징적 의미가 담겨 있다. 연꽃이 더럽고 탁한 연못에서 피어나듯, 보살은 세상의 어지러움 속에서 잔잔한 진리의 아름다움으로 소생한다. 그리스도인에게 이 자세는 그리스도의 생명을 담고 있다는 상징이 될 수 있다: "나는 살아 있지만 이미 내가 아니라 그리스도께서 내 안에 살고 계십니다." 자기는 죽고 그리스도께서 모든 것의 중심으로 떠오른다.

그림 1과 2에서, 왼손은 오른손 위에 올려두고 엄지손가락끼리는 가볍게 닿게 한다.[4] 하지만 그림 3에서는 손이 양 무릎 쪽으로 벌어진다. 이 자세는 禪에서 쓰이지 않지만 인도에서는 널리 쓰인다. 어떤 그리스도인들은 하느님 앞에서 개방한다는 의미로 이 자세를 애용한다.

결가부좌를 할 수 없는 사람은 반가부좌를 하면 된다(그림 4). 이 자세는 결가부좌와 마찬가지로 좋으며, 몇몇 선승들도 이 자세를 한다. 반가부좌를 하려면 좀 높은 방석에 앉는 것이 유리하다; 그렇

---

3. 대개의 경우 머리를 쳐드는 경우가 많다. 고개를 쳐들지 않았다 해도 얼굴 전체가 앞으로 빠져나와서는 안된다. 이를 방지하기 위해서는 얼굴 전체를 조금 뒤로 당기는 것이다. 이를 설명하겠다. 우선 머리 끝의 정수리에 해당하는 穴을 百會라고 한다. 그리고 항문과 성기 사이의 혈을 會陰이라고 하는데, 마치 백회에 동전을 떨어뜨렸을 때 회음으로 나오는 식으로 해야 한다는 뜻이다. 대체로 턱이 앞으로 빠져나온다. 이를 방지하기 위해서는 귀바퀴가 어깨와 수직이 되게 해야 한다. 그리고 코와 배꼽을 수직으로 하면 자세가 대단히 좋아진다고 자세의 비결을 말하는 학자도 있다. 이 말은 코 끝에 실로 맨 추를 달아 늘어뜨리면 배꼽에 닿는 모양을 하라는 뜻인데, 머리뿐만 아니라 어깨에도 힘이 들어가지 않으며 저절로 상체 전체가 안정된다.

4 엄밀히 말해 남성과 여성을 분명히 구분한다. 남성은 陽이기 때문에 오른손바닥(陰)을 아래(陰)에 두고 왼손(陽)을 올려(陽)놓지만, 여성의 경우에는 반대로 陰이라 하여 왼손바닥을 아래에 두고 오른손바닥을 올려놓는다. 서로 마주 닿아 있는 엄지손가락이 자연스럽게 살짝 위를 향하는 것이 좋다.

지 않으면 무릎이 약간 들린다. 균형을 유지하기 위해서 무릎이 바
닥에 닿아야 한다.[5]

그림 5는 더 쉬운 좌법으로, 일본에서는 많이 쓰지 않으나 아시
아의 다른 나라에서는 널리 통용되는 자세이다.

그림 6은 전통적인 일본식 좌법으로 세이자[6]라고 부른다. 그림 7
과 8은 그림 6의 변형으로 방석이나 작은 의자를 사용한 더 편안한
방법이다. 그렇지 않을 경우 발이 저리다. 심지어 일본인들도 그들
의 전통적인 좌법이 상당히 힘들다는 것을 알아차리고, 다양한 실
험을 통해 전통적인 좌법의 장점을 살리면서 현대인에게 알맞은 자
세를 연구중에 있다.

그림 9는 의자에 앉아 禪을 수행할 때의 자세이다. 전통적인 좌
법으로 앉을 수 없는 서양인들을 제외하곤 절에서 의자는 거의 사
용하지 않는다. 禪과 그리스도교와의 대화는 대체로 빌딩 안에서
이루어졌는데, 여기서 마루에 앉기란 용이치가 않다. 이런 경우 우
리는 여기에 나온 자세대로 참선을 했다.

위의 자세들을 잘 살펴보자면 몇 가지 공통된 특징을 발견할 수
있을 것이다. 언제나 등을 똑바로 세운다는 점이다. 이것이 가장 중
요하다. 등을 똑바로 세우면 호흡이 자동적으로 복식호흡이 되어
느려진다. 선방에서 명상을 담당하고 있는 한 젊은 승려가 내게 말

---

5. 먼저 두툼한 요나 방석 위에 앉아서 엉덩이에는 특별히 방석을 두 겹으로 접어서
   깔고 앉는다. 이렇게 되면 저절로 척추가 바르게 펴진다(선방에서는 두툼하고 조
   금 긴 방석 끝을 두 겹으로 접은 다음, 접은 부위를 깔고 앉고, 다리는 그 방석의
   접지 않은 부분에 둔다). 결가부좌를 취할 때에는 이렇게 하지 않아도 척추가 바
   르게 펴지기 때문에 엉덩이에 따로 방석을 깔고 앉을 필요가 없다. 두툼한 요나
   방석 위에서 자세를 취하는 것만으로 충분하다.

6. せいざ(靜坐): 이 좌법을 인도에서는 바즈라싸나(vajrasana)라고도 하고 우리는 쉽
   게 무릎 꿇어 앉는 좌법이라고 이름한다. 이슬람의 전통에서도 사용된다. 그러나
   습관이 되지 않은 사람이 만약 장시간 이 자세를 지속한다면 다리의 인대(靭帶)를
   너무 지나치게 잡아당기기 때문에 다리에 문제가 생길 수도 있다고 한다. 다소 어
   렵기는 하지만 선정(禪定)에 가장 빨리 들어갈 수 있는 자세는 결가부좌와 반가부
   좌이다.

하기를, 자기는 등을 보고 그 사람이 집중하고 있는지 그렇지 않은 지를 가려낸다고 했다. 등이 꾸부정하면, 이는 분심중에 있다는 뚜렷한 징표다. 눈은 반쯤 감는다. 눈을 완전히 감아버리면, 분심에 사로잡히기 쉽거나 잠이 온다. 절대로 한 곳에 초점을 맞춰선 안된다; 좀 떨어진 거리에 십자가를 내려놓고 시선을 십자가에 둘 수도 있다. 호흡의 중요성은 이미 강조한 바 있다. 숨을 쉬면서 수를 세거나[數息] 혹은 열망을 반복할 수 있다. "예수"란 단어를 계속 되풀이하는 것도 동방교회의 전통적인 기도다. 이 방법은『필로칼리아』는 물론 유명한 러시아 고전『순례자의 길』에도 등장한다.『필로칼리아』에서는 숨을 들이킬 때 예수께서 들어오고 내쉴 때 "나"는 나간다고 한다; 따라서 이런 식으로 그리스도는 내 삶의 중심이 된다. 이렇게 된다면, 따로 수를 세거나 말을 계속 되풀이할 필요는 없다. 우리가 숨쉰다는 사실을 인식하는 것으로 족하다 — 이를 "숨을 따른다"라고 일컫는다.[7] 禪의 명상을 수행하는 대부분의 사람들은 구체적인 것 — 예를 들어 화살기도나 호흡을 자각함 혹은 공안 같은 것 — 에 의지할 필요가 있다. 단 완전히 분심을 몰아내야 한다. 분심 없이 합일된 내적 침묵을 유지할 필요 때문에 말이 사용되는 것이다.[8]

---

7. 이렇게 좌선하는 방법을 數息觀과 구별하여 隨息觀이라고 한다.

8. 坐禪을 수행하면 자기도 모르게 입 안에 침이 가득 고여서 괴롭다. 삼키면 그만일 것 같지만 좌선에서는 침을 삼키는 행위는 물론이고 미세한 움직임도 삼가야 한다. 삼매에 드는 것을 방해하기 때문이다. 그래서 고안된 방법은 윗이빨 가까이 입 천정 부근을 혀 끝을 살짝 치올려 대고 있는 것이다. 이렇게 하면 한결 나아진다. 양말과 조이는 옷은 삼가야 한다.

명 상 법

I

몇몇 사람들은 나에게 그리스도인이 어떻게 명상을 하면 좋을지 책으로 써 달라고 요청했다. 사실 그러한 책이야말로 현대사회의 절실한 요청에 걸맞을 것 같다. 그런데도 나는 이런 작업에 선뜻 나설 수가 없다. 명상이 사뭇 요리와는 다르다는 것을 알기 때문이며, 명상이란 아우구스티누스가 말한 대로 내면의 스승(Magister Internus)이라는 위대한 스승의 가르침을 통할 때 비로소 가능한 것이기 때문이다. 자기 내면의 소리에 귀를 기울인다면 어떻게 명상해야 할지 배우게 될 것이다.

설사 그렇더라도 인간적인 가르침이 주어질 수 있음도 사실이다. 따라서 나는 몇 가지 원칙과 지침을 제시하여, 명상을 추구하는 사람들에게 도움이 되고자 한다. 여기서 나는 나 자신의 경험이나 지혜에 의존하지 않고 상당한 권위로 사람들을 깜짝 놀라게 한 스승의 말씀에 의거할 것이다. 그럼 우선 산상설교의 가르침을 묘사해 보기로 하자. 산상설교는 그리스도인에게만 적용된 말씀이 아니라 유대인과 나아가 많은 선불교도들과 열렬한 힌두교도들에게도 적용된 말씀이기 때문이다. 마태오 복음 15 – 17장에 등장하는 예수의 간결한 충고를 마음에 담고 실행할 때, 우리는 명상의 길로 접어들 것이요 가장 심오한 깨달음을 얻게 될 것이다.

예수의 말씀을 숙고해 보라. "그러므로 여러분에게 말하거니와, 여러분의 목숨을 위해 무엇을 먹을까 혹은 무엇을 마실까 또 여러분의 몸을 위해 무엇을 입을까 걱정하지 마시오"(마태 6,25).

명상에 들어가기 전에 먼저 모든 걱정을 떨쳐버려야 한다. 내가 말하는 걱정이란 추리와 사고, 선입견, 구상 등을 뜻한다. 그것들을 떨쳐버리라. 그러나 결코 쉽지 않다. 알다시피 인간의 마음은 휴식을 모르기 때문이다. 마음은 미래를 두려운 듯 바라보거나 예측한다. 마음은 과거를 향수에 젖은 눈길로 바라보거나 죄책감으로 쳐다본다. 마음은 좀처럼 지금 여기에 살려고 하지 않는다. 하지만 예수께서는 지금 여기에 존재하기 위해서 미래에 대한 불안을 떨쳐버리라고 분명하게 말씀하신다. "그러므로 내일을 걱정하지 마시오. 사실 내일은 그 나름대로 걱정하게 될 것입니다. 하루하루 그날의 괴로움으로 족합니다"(마태 6,34).

따라서 가장 먼저 해야 할 일은 모든 얽매임에서 벗어나는 일이다. 물론 마음은 걱정으로 가득할 것이다. 만일 그렇다면 禪의 거장 스즈끼 박사의 충고에 귀를 기울여 보자. "좌선중에 완전한 고요를 얻고자 한다면, 마음 속에서 일어나는 갖가지 망상 때문에 시달리지 말아야 한다. 망상이 일어나든지 혹은 사라지든지 내버려 두라. 그렇게 한다면 그것들을 다스릴 수 있을 것이다. 하지만 이 일은 결코 쉽지 않다. 쉽게 들릴지는 몰라도 특별한 수고가 요구되는 일이다. 어떻게 해야 하는가. 그 비결은 실천에 있다. …"[1] 또 말을 잇는다. "좌선을 할 때, 생각을 멈추려고 애쓰지 말라. 생각이 저절로 멈춰지게 하라. 만일 무엇인가 마음 속에 들어오려고 한다면 그것이 마음 속에 들어온 다음 나가도록 허용하라. 그렇게 하면 그것은 오래 마음 속에 머물러 있지 않을 것이다. 만일 생각을 멈추려고 애쓴다면, 거기에 얽매이게 될 것이다. 어떤 것에라도 얽매이지 말라."[2] 그렇다. 그 무엇에도 얽매이지 말라!

---

1. Suzuki, *Zen Mind, Beginner's Mind*, Shunryu Suzuki (Tokyo: 1970) 28.
2. 같은 책 30.

원한다면 주님의 말씀을 그저 되새겨 볼 수도 있다. "걱정하지 마십시오", "걱정하지 마십시오" … 혹은 예수의 영광스런 변모에서 베드로가 한 말을 사용하고 싶은 사람들도 있을 것이다. "주님, 저희가 여기서 지내면 좋겠습니다"(마태 17,4). 어떤 성서 문구든 계속 맛있게 되새기는 것도 훌륭한 명상법이 될 수 있다. 그러면 모든 걱정과 쓸데없는 생각과 추리를 떨쳐버리게 될 것이다. 더욱이 이 간단한 과정은 우리를 지금 이 순간에 남아 있게 한다.

앞서 말한 대로, 대개의 경우 자신의 잡념과 걱정에 마주치고 그것들이 마음 속에 있다는 것을 알게 될 것이다. 하지만 거기 매달려서는 안된다. 로저스(Carl Rogers)는 — 인간 상호관계의 맥락에서 말하면서 — 이 과정이 분노나 갈등이나 권태나 두려움이나 당혹감을 의식하라는 말과 다르지 않다고 가르친다. 그것들을 의식하라, 그러면 그것들을 조정하게 될 것이라고. 그와 동시에 명상중에 아무런 얽매임 없이 마음 속에 나타난 생각들을 의식하게 될 것이다. 거장 스즈끼가 말한 대로, 그것들이 일어나든지 사라지든지 내버려두라. 그것들이 마치 다른 사람의 소유물인 양 그렇게 바라보라. 이 일은 단순하게 들릴진 몰라도 너무나 힘겨운 일이다! 왜냐하면 우리가 자신의 걱정거리들을 소중히 여기기 때문이다. 우리는 걱정거리에 집착할 뿐만 아니라 거기에 익숙해져 있다. 우리에게 예수의 충고가 필요하다. "걱정하지 마시오. …" 그분의 말씀은 차츰 걱정을 가만히 떨쳐버리는 기술을 익히도록 우리를 가르칠 것이다.

Ⅱ

어쨌든 걱정을 떨쳐버리는 일은 명상의 소극적 측면이다. 이러한 맥락에서 예수께서는 아주 적극적인 주장을 펴신다. "목숨이 양식보다 더 소중하고 몸은 옷보다 더 소중하지 않습니까?"(마태 6,25).

이 말씀은 지극히 상식적이다. 창문을 열고 바라보라. 양식과 옷과 가스와 경제 발전으로 인하여 정신나간 세상을 볼 것이다. 이 모든 것이 탐나고 또 필요할지라도 껍데기에 지나지 않는다. 중요한 것은 목숨이다. 중요한 것은 몸이다. 생명이 고동치는 몸이 없다면, 기름과 주석과 구리와 고무와 기타의 것들은 도대체 무슨 소용이 있는가? 과연 우리는 명상중에 생명과 몸을 체험하게 된다. 자신의 내면으로 되돌아와 가장 깊은 자신과 만나는 것이다. 그럼 먼저 생명에 대해 말해보겠다.

인류의 위대한 문화를 통틀어 볼 때, 생명은 호흡으로 상징된다. 엄밀히 말해 호흡을 느낀다는 것은 곧 생명을 느끼는 것이다. 등을 똑바로 세우고 앉아 호흡을 의식해 보라. 먼저 호흡에 지장을 주지 말라. 호흡을 짧게 혹은 길게 혹은 멈추려고 애쓰지 말라.[3] 요가의 프라나야마〔調息〕에서는 그러한 호흡법이 실행되고 있다. 하지만 여기서 내가 그 방법을 제시하려는 것은 아니다. 그저 호흡을 그대

---

3. 어떠한 경우에도 결코 인위적으로 호흡을 멈추는 훈련을 해서는 안된다. 호흡을 인위적으로 멈추는 훈련〔止息〕을 우리는 요가에서 곧잘 볼 수 있는데, 요가의 영향을 받은 禪에서도 호흡을 인위적으로 멈추도록 가르치는 것을 발견할 수가 있다. 하지만 이는 대단히 위험하다(세상에 이름을 떨치던 요기들이 대체로 단명했음을 우리는 눈여겨볼 필요가 있다). 왜냐하면 怒責이라는 현상이 생기기 때문이다. 노책이라 함은 내쉬어야 할 숨을 고의적으로 정지시키는 상태에서 흉강에 강한 陽壓이 생기는 것이다. 양압이란 대기의 압력보다 높은 압력이 흉부에 작용하는 것이다. 따라서 생리적으로 곤란한 일이 생기는데, 그것은 심장으로 돌아갈 정맥혈의 순환이 잠시 순조롭지 못하게 되는 것이다. 그것은 결과적으로 전신의 혈액 순환계통에 혼란을 가져오게 하는데, 이런 일이 자주 일어나면 심장뿐만 아니라 내장 기능에 나쁜 영향을 주게 되는 것은 너무나 분명한 일이다. 그뿐만 아니라 전신의 정맥혈은 잠시 강제로 정지당하게 되고, 그로 인해 鬱血이 생기고 또 정맥의 怒張으로 연결되는 靜脈瘤가 생긴다. 그것이 또 항문 주변에 오게 되면 치질 — 승려들이 치질에 많이 걸리는데, 痔疾이라는 한자어도 절〔寺〕과 관련되어 있음 — 의 원인이 된다. 이런 재난은 하체뿐만 아니라 상체에도 일어나 뇌출혈이나 뇌일혈의 원인이 되기도 한다. 뇌정맥의 울체는 이것들로 그치지 않고 뇌의 동맥에도 정맥혈의 충혈과 울혈이 뇌압 상승의 원인이 되고, 최악의 경우 사망에 이른다. 불합리한 방법으로 자기 나름대로 호흡을 하다가 병을 얻은 승려들이 많다. 특히 위장, 치질, 울혈, 상기병 등으로 고생을 하는 경우다. 어떤 경우라도 호흡을 멈추지 말아야 한다.

로 의식하라는 것뿐이다. 그리고 원한다면 스스로 이렇게 되풀이해 보라. "숨이 들어온다. 숨이 나간다." 그것이 전부이다. 또는 주님 의 말씀을 되새길 수도 있다. "목숨이 양식보다 더 소중하지 않느 냐?" 물론 생명을 강조한 말이다.

이러한 맥락에서 불교 경전을 인용해 보겠다. 이는 그리스도인이 나 호흡 명상법을 익히고자 하는 사람들에게 아주 도움이 되는 책 이다.

> 한 승려가 숲이나 나무 뿌리나 공터에 가서 다리를 틀고 앉아 등을 똑바로 세우고 마음을 가다듬곤 했다. 그는 들숨에 주의하고 날숨 에 주의한다. 숨을 길게 들이마시거나 짧게 들이마실 때에도 자기 가 숨을 길게 혹은 짧게 들이마시고 있다는 사실을 그는 인지하고 있다. 숨을 내쉴 때도 마찬가지다. 그는 이렇게 생각을 길들인다. "나는 숨을 들이마신다. 몸 전체를 정확히 인지하면서 나는 숨을 내 쉰다. 나는 몸의 움직임을 진정시키면서, 숨을 들이마시고, 내쉰 다." … 숨을 길게 혹은 짧게 들이마시거나 내쉬면서도, 그 승려는 자기가 그렇게 하고 있다는 것을 인지한다. … 이렇게 함으로써 그 는 세상의 어떤 것에도 얽매이지 않는 자율적인 삶을 산다.[4]

여기서 등장인물은 자연스런 호흡의 과정을 단순히 의식한다("관 조"라는 말은 훌륭한 불교 용어다). "나는 숨을 들이마신다. 나는 숨을 내쉰다."[5] 그리고 언제든 이를 시도할 수 있다. 버스에 앉아서 든, 줄을 서서 기다릴 때든, 지겨운 강의를 들을 때든 그저 숨을 들 이마시고 내쉬면서 명상할 수 있다. 얼마나 간단한가! 그러면서도 이러한 실행은 마음의 평화와 내적인 힘과 내적 숭고함을 느끼게

---

4. *Buddhist Texts Through the Ages*, Edward Conze, ed. (Oxford, 1954) pp. 56, 57.

5. 「安般守意經」이라는 경전이 전해 온다. 이 말은 산스크리트어 "아나파나사티"를 번역한 것인데, "아나"는 들숨이고 "파나"는 날숨이며 "사티"는 의식의 집중이다. 곧 들숨과 날숨에 의식을 집중하는 것에 대한 부처의 가르침이 기록되어 있다.

해줄 것이다. 또 여러분으로 하여금 가장 깊은 자기에 이르도록 안내할 것이다. "목숨이 양식보다 더 소중하지 않습니까? …"라고 하신 예수의 말씀을 몸으로 직접 경험하기 시작하는 것이다.

시간이 흐를수록 호흡은 자연스럽게 깊어지고 복식호흡이 된다. 여기서 잠깐 배꼽이야말로 모든 형태의 동양 명상법에서 몸의 중심이라는 사실을 밝혀둔다. 더러 서양 작가들이 이른바 동양 신비가들의 배꼽 응시에 대해 무수한 농담을 지어낸다 하더라도 — 어처구니없는 일이긴 하지만 — 어리석은 일이라고 단정할 수는 없다. 동양 신비가들은 주체와 객체의 의미로 배꼽을 생각하지는 않는다. 한편 중-일 전통은 생명과 에너지가 단전(丹田)에서 솟아난다고 늘 가르쳐 왔는데, 그 지점이 배꼽에서 3,4센티미터 아래 위치해 있다. 그곳을 기해(氣海)라고 부른다. 단전호흡은 명상의 기본일 뿐 아니라 유도, 궁도, 꽃꽂이, 다도, 서도 등의 기본이기도 하다.

여기서 한 선승의 충고를 인용해 보겠다. "조용히 앉아 부드럽게 호흡하라. 아랫배에 힘을 주어 길게 내쉬어라."[6] 그리고 또, "많은 사람들이 입으로 숨쉰다. 하지만 숨은 코로 쉬어야 하며 숨을 단전까지 내려보내야 한다."[7]

따라서 호흡은 禪에서 가장 중요하다. 단전으로 호흡을 시작하는 사람들이 있으나 결국엔 온몸으로 호흡이 확장되는 것 같다. 이것이 바로 몇몇 대가들이 말하는 "모든 구멍으로 숨쉰다"는 것이다. 현인(賢人)은 자기 발뒤꿈치로 숨쉰다는 중국 격언이 있다. 또 다른 흥미로운 사실은 호흡 관찰이 영적 지도의 한 방법이라는 점이다. 훌륭한 스승은 신중하게 호흡을 관찰하고 — 때때로 그의 눈은 꿰뚫어보는 매와도 같아 — 이를 통해 그는 제자들의 영적 진보와 깨달음의 정도를 판단한다.[8]

---

6. K. Graf Von Durckheim, *Hara* (London: George Allen & Unwin, 1962) p.178.

7. 같은 책 **179**.

*

하룻밤 사이에 호흡을 의식할 수 없다. 시간이 걸리는 작업이다. 하지만 참고 수행하다 보면 점차 이 호흡이 단지 머리에서 발끝까지 인간의 몸을 충만케 하는 생명력만이 아니라는 사실을 깨닫게 된다. 그 이상이다. 산스크리트어 "프라나"는 기(氣)와 마찬가지로 우주의 호흡이요, 만물을 관통하는 우주적 힘이다. 히브리 사람들은 자기들의 숨이 생명을 주신 하느님의 숨이라고 믿었다. 그리스도인에게 호흡은 바람과 마찬가지로 하느님의 사랑을 만물에 가득 차게 하고 지혜와 기쁨과 평화를 주시는 성령을 상징한다.

따라서 숨을 쉬고 있는 동안 반복하여 읊을 수 있다. "오소서, 성령이여", "오소서, 성령이여" 하고 성령의 호흡이 가득하길 기원하면서. 이때 우리는 자신에게 속하지 않고 하느님께 속한다. 동시에 하느님으로 충만하여, 그분께서 가장 깊숙히 개입하시는 어떤 세상에 속해 있다. 이런 기도를 드리거나 ― 혹은 아무 말 없이 ― 하느님의 현존 안에 조용히 남아 있을 것이다. 호흡이 서서히 느려질 것이다. 또 정지해 있는 것처럼 생각될 수도 있다. 아니면 우리 안에 살아 계시는 성령께서 "예수는 주님이시다!"고 외치게 할 것이다. 이러한 기도는 성령의 감도를 받아 존재의 가장 깊은 곳에서 우러나오는 기도로, 신약성서에도 자주 등장한다. "압바, 아버지!"가 잇따른다.

---

8. 과학자들이 體性 신경계와 自律 신경계를 구별해 놓은 점을 생각해 보면 흥미롭다. 인간의 몸에는 여러 가지 신체 기능이 있다. 즉, 의지의 행위를 통해 전달되는 신체 기능이 있는 한편 무의식적으로 혹은 자동적으로 움직이는 위장, 심장 박동, 신진대사 등의 신체 기능도 있다. 호흡은 이 둘의 중간에 있다. 대부분의 사람들은 무심결에 호흡을 하지만 간단히 의식화할 수 있고 규칙적으로 만들 수 있고 의지의 조절하에 둘 수가 있다. 의식적으로 호흡을 하다 보면, 점차 온몸을 의식하게 되고 심지어 온몸을 조절하는 법을 익히게 된다. 호흡은 무의식으로 통하는 문이다.

게다가, 성령으로 충만한 사람은 같은 성령을 반드시 다른 사람에게도 전하게 되며, 또 전해야 한다. 예수께서 "성령을 받으시오"(요한 20,22) 하고 말씀하시면서 사도들에게 숨을 내쉬셨음을 생각해 보자. 우리는 단순히 앉아 있는 것이 아니라, 선함과 치유의 힘이신 성령의 호흡을 다른 사람들에게 보내어 그들을 낫게 해야 하지 않을까? 그렇지 않으면 우리의 친구들에게 손을 얹어주는 상상을 하면서 그들에게 사랑의 숨을 불어넣어 줄 수도 있다. 어떤 이들은 손을 통해 숨을 쉬고 있다고 상상하기를 좋아한다. 이렇게 하는 것은 성령을 전하는 가장 상징적인 행위처럼 여겨지기 때문이다.

여전히 바울로식으로 또 다른 양상이 재차 되풀이될 수 있다. "사실 나에게는 사는 것이 곧 그리스도입니다"(필립 1,21). 바울로에게 있어 삶은 그리스도였다. 이렇게 우리도 똑같이 말할 수 있다. 하지만 이 말에 담긴 심오한 신비는 단지 학자들에게 드러나기보다는 성령의 지혜로 깨달음을 얻는 자에게 드러날 것이다. "오소서, 성령이여."

III

예수께서는 목숨에 대해서만 말씀하시지 않고 몸에 대해서도 말씀하신다. "몸이 옷보다 더 소중하지 않습니까?"(마태 6,25).

그렇다. 사실 몸은 물질이다. 하지만 어떤 과학자들은 인간의 몸은 무엇으로도 잴 수 없는 불가해한 신비라고 말한다. 또 어떤 신학자는 — 바울로의 마음을 사로잡은 테마인 — 그리스도의 몸은 신비 중의 신비라고 말한다. 한편 중-일 사상은 이 신비를 전혀 풀지 못할 것이기 때문에 거기에 접근하는 새로운 방법을 가르쳐 줄 것이다. 그것은 우리가 인간의 몸이라고 부르는 이 귀중한 선물을 올바로 이해하고 맛보는 법을 가르칠 것이다. 그것은 몸을 통하여 자신과 세상과 하느님을 이해하고 맛보는 법을 가르칠 것이다.

앞서 지적한 대로, 몸에 대한 각성은 발 끝에서 머리 끝까지 충만한 호흡에 대한 의식을 통해서 가능하다. 하지만 몸의 자세를 통해서도 몸에 대한 각성이 가능하다. 이는 동양의 위대한 기법 중 하나로, 그 기원은 여러 가지 "아사나"(몸의 자세)를 가르치는 "하타 요가"에 있다.[9] 이를 통해 깨달음에 도달한다. 이들 중에서 가장 좋은 방법이 결가부좌인데, 흔히 "완성좌"라 일컫는다.[10] 이 좌법은 유사 이전부터 아시아에서 널리 통용되어 온 방법이다. 사실 완벽하기 때문에 정확히 실행하기만 하면, 한 동전의 양 면처럼 몸과 마음이 일치하고 완전한 자유의 상태에 이르게 된다.

결가부좌 자세는 한 예술이자 완성이며 시간과 인내와 영적 훈련이 소요되는 기법이다. 하지만 일단 좌법을 익히기만 하면, 이 자세가 깨달음이란 것을 알게 된다. 여기서 우리는 일종의 몸을 통한 깨달음을 얻는다. 결가부좌에 대한 스즈끼 박사의 말을 들어보자. "이 자세를 취하는 것이 우리 수행의 목적입니다. 이 자세를 취하면, 올바른 마음가짐을 가지게 되니, 어떤 특별난 상태를 얻으려고 애쓸 필요가 없지요."[11] "올바른 자세를 하고 앉을 때 생기는 마음의 상태, 그것이 바로 깨달음입니다."[12] 사실 깨달음이란 결가부좌를 하고 앉아서 몸이 옷보다 더 소중하다는 것을 알아차리는 일이다.

---

9. "하타 요가"라는 말에서 "하타"는 "하"(해)와 "타"(달)의 합성어다. 하타 요가를 설명하고 있는 책은 지금까지 세 권의 고전이 발견되었는데, 모두 "아사나"를 주로 설명하고 있다. 한결같이 아사나가 이루어진 다음의 단계로 호흡의 조절[調息]이 가능하다고 말한다. 이 하타 요가는 생리학적인 측면을 지니면서 거의 독점적인 관심을 불러일으키는 요가 학파다.

10. 결가부좌의 별명은 "연화좌", "완성좌" 혹은 "질병의 파괴자"라고 한다. 파탄잘리의 『요가경』에는 "초급자는 반가부좌부터 연습을 하며, 좌우를 해 보아서 불편하다고 느껴지는 쪽의 자세를 취하는 것이 골반을 안정시킨다"고 말하고 있다. 또 "범부는 성공할 수 없다. 지상에는 현명한 사람만이 성공할 수 있다. 수행자가 이 체위를 유지하고서 기도를 통해 흡수한 기를 남겨둔다면, 해탈을 얻을 수 있다. 이것은 의문의 여지가 없다"(『요가경』 H, I, 44-49, S, III, 104-9에서 인용한 것을 정태령, 『요가의 이론과 실천』, 민족사, 1988, 79-90쪽에서 재인용함).

11. **Suzuki, 22.**   12. 같은 책, **p.24.**

이쯤해서 잠시 화제를 바꾸어 내가 말하려는 것의 중요성을 피력해 보고자 한다. 우리는 동양의 "기법"이 정신집중에 큰 효과가 있다는 말을 이따금 듣는다. 결국 과민해진 신경에는 휴식이 필요하고, 차분해질 필요가 있으며, 진정할 필요가 있다. 일단 그렇게 되면, 참된 기도를 계속할 수 있다. 바꿔 말해, 동양의 호흡과 자세를 실제 일을 위한 준비훈련과 예비책으로 생각하는 것이다.

하지만 이것은 지독한 오해이다. 우리가 동양에서 배울 수 있는 것은 단지 준비훈련이 아닌 기도하는 방법이다. 동양은 우리가 호흡으로 기도하는 법, 몸으로 기도하는 법 그리고 온 존재로 기도하는 법을 가르칠 수 있기 때문이다. 하느님께서는 마음만을 창조하지 않으시고 온전한 인간을 창조하셨다. 따라서 그분은 마음만이 아닌 인간의 모든 것을 통해 찬미받아야 마땅하다. 과거 몇 세기 동안, 서양의 기도는 돌이킬 수 없을 정도로 지성적인 것이 되어버렸지만 — 하지만 헤시카즘이 탄생한 중동 지역의 교회는 그렇지 않는데 — 우리는 이제 마음과 몸과 호흡으로 하느님을 찬미하는 기술을 다시 익히고 있다. 우리는 신앙이 우리의 마음뿐만 아니라 우리의 호흡과 우리의 배꼽과 우리의 몸으로 충만해지기를 바란다. 그리고 여기에 동양이 우리를 도울 수 있는 가능성이 있다.

앞서 지적한 대로 중-일 사상에서 몸의 중심은 배꼽에서 3센티미터쯤 아래 있는 단전으로, 그곳이 생명의 정수요 에너지의 바다이다. 따라서 숨이 실제로 단전을 꿰뚫고 들어와 온몸으로 퍼지는 것은 아니지만 마치 단전으로 숨을 쉰다는 느낌으로 호흡해야 한다. 그

러다 보면 점차 균형과 조화와 고요함으로 충만해짐과 더불어 단전
에 대한 감각도 갖추게 될 것이다. 한 나이든 선승은 단전이 신성의
전당이라고 말하면서, 인간의 번뇌는 균형을 상실했기 때문이라고
주장한다. 그리고 그는 인간을 세 부류로 나눈다.

첫째 부류는 머리에 가치를 두는 사람들이다. 그런 사람들은 자
기가 쓰러질 때까지 머리를 계속 부풀린다. 거꾸로 세워놓은 피라
미드가 곧 쓰러지는 양상이다. 분명 그들은 재능도 없고 창의력도
부족한 사람들이다. 어떻게 그들이 균형을 유지할 수 있겠는가?

둘째 부류는 가슴에 가치를 두는 사람들이다. 그들은 군인형으로
겉보기엔 절도있고 훈련이 잘된 듯하지만 실은 쉽게 굴복한다.

셋째 부류는 힘의 원천인 복부나 배꼽에 가치를 두는 사람들이
다. 이런 사람들은 조용하고 평화로우며 힘차다. 그들은 질서를 깨
뜨리지 않고 — 이것이 오래된 동양의 이상으로서 — 자기 본연의
경향을 따른다. 배꼽과 더불어 끈기있게 앉아 있는 것, 그것이 곧
진정한 禪이다.

*

유도·궁도·검도 같은 무술을 연마하는 남녀들은 단전에 집중하는
법을 익히고 결연하게 서 있는 법을 배운다.[13] 그들은 禪의 수행자
들처럼 단전 부위에 매듭을 매는 전통적인 하카마를 입는다. "단전
수행"에는 여러 가지 방법이 있다. 이 가운데 흥미로운 방법 하나는
탁자를 문지르는 것과 같은 간단한 기술로서 — 문지르는 손에 집
중하지 않고 단전에 집중하면서 크게 원을 그리되, 온몸이 점점 생
동감으로 충만해지고 있다고 느껴질 때까지 쓸어준다.

이렇듯 앉는 법, 서는 법, 걷는 법, 숨쉬는 법, 긴장을 푸는 법

---

13. "남녀"라고 말한 점을 주목하라. 자세와 호흡에 관한 말은 남녀 모두에게 똑같이
　　적용된다.

등, 몸을 의식하는 법과 자세를 익힌다. 이렇게 하는 사람은 온몸으로 살아간다. 물론 이것은 동양의 특권이 아니다. 내가 알고 있는 서양의 피아니스트들과 화가들 및 작가들도 머리로 사는 사람들이 아니요, 그들의 활동은 엉덩이와 온몸에서 비롯된다. 하지만 서양이 몸의 감각에 대해 신경을 쓰지 않은 반면, 동양은 오래전부터 그것을 꾸준히 교육해 왔다.

그런데 역설적으로 단전 수행의 절정은 자기 몸과 자기 자신을 잊을 때 도달한다. 절정에 이른 사람은 우주의 움직임에 자신을 내맡긴다. 전통 궁도에서는 활을 쏠 때 화살이 개인의 움직임이 아닌 우주의 움직임이 되어야 한다고 가르친다. 마찬가지로 오랫동안 禪을 수행한 사람들은 단전이나 호흡이나 자기의 몸에 대해 전혀 신경쓰지 않는 경지에 도달한다. 그는 "내가 숨쉬고 있다"고 체험하기보다 "우주가 숨쉬고 있다"고 체험한다. 자기가 사라진 것이다.

이 훈련의 또 다른 효과는 탁월한 몸의 지혜를 체험한다는 점이다. 몸과 마음이 일치된 자는 먹어야 할 때와 굶어야 할 때, 자야 할 때와 깨어 있어야 할 때, 일해야 할 때와 명상해야 할 때를 몸이 말해주고 있음을 안다. 몸은 신비이며 대단한 도구다. 몸에는 어떠한 서양 과학도 감히 꿈꾸지 못한 — 이제야 몸의 존재에 관심을 가지기 시작했지만 — 감히 컴퓨터가 따라잡지 못할 능력과 잠재력이 있다. 하지만 우리는 이 몸을 수련해야 하고, 몸과 조화를 이뤄야 하고, 몸의 지혜에 주목해야 할 필요가 있다. "… 몸이 옷보다 더 소중하지 않습니까?"

*

실제로 명상에 들어가는 한 가지 방법은 몸을 의식하기 위한 수단으로서, 이 책에서 묘사한 여러 가지 방법 가운데 한 가지 자세를 채택하는 것이다. 손과 발과 온몸을 의식하면서, 조용히 예수의 말씀을 계속 반복하라. "몸이 옷보다 더 소중하지 않습니까?" 이 말에 대해서 생각하지 말고 추리하지 말고, 몸이 옷보다 더 소중하다는 것을 깨달을 때까지 그저 그 말을 음미하라. 복음서에 나오는 말을 사용할 때, 그리스도와 연결되고 여러분의 기도는 곧 믿음의 한 가지 형태가 된다. 게다가 그리스도의 몸에 담긴 신비를 깨달을 경우 — 결코 추리적인 방식이 아닐 것 — "몸"이란 말은 더욱더 힘차게 발음될 것이다. 이것이 나의 몸과 하나된 몸이다. "내 살을 먹고 내 피를 마시는 이는 내 안에 머물러 있고 나도 그 사람 안에 머뭅니다"(요한 6,56). 이것이 "만물 안에서 만물을 충만케 하시는"(에페 1,23) 몸이다. 예수의 호흡이 우주의 호흡인 것처럼, 예수의 몸은 우주와 하나이다. "몸이 옷보다 더 소중하지 않습니까?" 몸과 호흡과 자아가 사라질 때가 올 것이다. 그리고 우리의 참 자기가 성 바울로와 함께 외칠 날이 올 것이다. "나는 살아 있지만 이미 내가 아니라 그리스도께서 내 안에 살고 계십니다"(갈라 2,20).

IV

명상에 대해 말하면서 걱정과 두려움과 집착을 떨쳐버려야 한다고 했다. 그리고 예수의 말씀을 인용했다. "걱정하지 마십시오. …"

　혹자는 이렇게 말한다. "아주 좋지! 참 근사한 말이군. 하지만 그게 가능한가? 내가 두려움과 걱정을 떨쳐버려야 한다고? 심리학자들은 한결같이 걱정은 인간의 마음 속에 깊이 뿌리내리고 있다고 말하지. 두려움과 걱정은 기억 속에 박혀 있다가, 우리가 자궁에서 나올 때 부르짖는 최초의 절규를 통해 곧장 들어오지. 우리가 명상 중에 의식층을 통과할 때, 새로운 걱정 — 혹은 과거부터 억눌려 있던 걱정들 — 은 마음의 표면 위로 부상할 게야. 그런데도 당신은 그냥 앉아서 떨쳐버리라고 말해! 이게 그리 간단한 일인가?"

정말 지당한 반론이다. 그 대답으로 나는 믿음이라는 엄청나게 중요한 요점을 강조한 산상설교를 다시 인용해 보겠다. "믿음이 약한 사람들아!"(마태 6,30). 예수께서는 여기서 믿음에 대해 말씀하시면서, 아버지께서 돌봐 주시고 보호하시니, 하느님의 사랑받는 자녀라는 믿음을 가지라고 하신다. 그렇다. 우리는 이 세상에서 가장 큰 죄인일지 모른다. 극악한 죄를 범했는지 모른다. 하지만 우리는 "악한 사람들에게나 선한 사람들에게나 당신의 해를 떠오르게 하시고, 의로운 사람들에게나 의롭지 못한 사람들에게나 비를 내려 주시는"(마태 5,45) 아버지로부터 사랑받는 자녀들이다. 이 사랑받는 존재라는 확신은 자라고 깊어져서 흔들림 없는 힘의 원천이 되기 때문에, 나는 걱정을 떨쳐버릴 수 있다.

예수께서는 이 말을 아주 시적으로 표현하신다. "오늘 있다가 내일이면 아궁이에 던져질 들풀도 하느님께서 이처럼 입히시거든 여러분이야 더욱더 잘 입히시지 않겠습니까? 믿음이 약한 사람들아!"(마태 6,30). 하늘의 새를 보살피시는 우리 아버지께서 우리를 더욱더 잘 보살피지 않겠는가! 우리는 새들보다 더 소중한 존재들이 아닌가!

나는 사랑받는 존재이다. 나는 대단히 가치있는 존재이다. 이를 받아들이는 것은 대단한 믿음의 행위이다. 이 점에 대해선 많은 사람들이, 너무나 많은 사람들이 잘 알고 있지만, 그런데도 스스로 절망에 빠지고, 죄책감과 쓸모없는 존재라는 병적인 의식에 압도되어 맥을 추지 못하고 있다. 그들을 향해 예수께서 말씀하신다. "걱정하지 마십시오. 여러분은 소중한 존재들입니다. 가치있는 존재들입니다. 꽃들과 새들이 소중하다면 — 과연 소중하지만 — 여러분은 더욱더 소중하지 않겠습니까!"

이제 이 모든 것은 실천적인 측면에서 대단히 소중한 가치를 지닌다. 명상하려고 앉을 때, 개인의 가치를 다시 한번 기억하라 —

자기가 가장 가치로운 존재라는 점을 명심하라. "나는 좋다. 너도 좋다." 이런 마음의 태도를 기르기 위해서는 내적 안정감을 자아내는 분위기 속에서 명상하는 것이 좋겠다. 어떤 조용한 장소를 선택하는 것이 도움이 될 것이다. 간편한 옷차림을 하고,[14] 무엇보다도 자신의 당당함이 표출되고 "좋아"라는 느낌을 주는 자세를 택하는 것이 유익할 것이다. 그런 다음 내가 방금 인용했던 예수의 말씀을 조용히 반복해 본다. 또는 예레미야서에서 한 구절을 반복해도 좋다. "나는 한결같은 사랑으로 너를 사랑하였다"(예레 31,3). 또는 예수의 말씀을 반복해 보라. "여러분의 마음이 산란해지지 않도록 하시오. 하느님을 믿고 또 나를 믿으시오"(요한 14,1). 성서는 믿음을 가지고 두려워하지 말라는 말씀으로 가득하다. "나요, 두려워하지 마시오"(요한 6,20). "하느님은 사랑이십니다"(1요한 4,16).

이 말씀들을 음미함으로써, 믿음이 정신과 마음과 몸과 호흡 속으로 들어가 두루 퍼진다. 때때로 굉장히 기쁘고 해방감을 만끽하는 순간들이 있을 것이다. 걱정에서 벗어난 순간, 바울로와 더불어 이렇게 외친다. "그리스도께서는 나를 사랑하시고 나를 위해 당신 자신을 바치셨습니다"(갈라 2,20).

다시 말하건대 믿음에 관해서 추리하지도 생각하지도 말라. 단지 조용히 앉아서, 하느님의 사랑을 자기의 존재 가장 깊은 곳 안으로 받아들이라. "여러분이 기도할 때에는 이방인들처럼 수다를 떨지 마시오. 그들은 많은 말을 해야만 들어주시는 줄로 생각합니다. 여러분은 그들을 닮지 마시오. …"(마태 6,7-8). 믿음은 많은 말을 필요로 하지 않는다. 한 여성으로부터 사랑받고 있다는 것을 아는 한 남성처럼, 혹은 한 남성으로부터 사랑받고 있다는 것을 아는 한 여성처럼, 그것에 대해 이리저리 생각하지 말고 끝까지 확신을 밀고

---

14. 좌선이나 요가 따위의 명상과 관상을 하는 데에는 양말이나 몸에 꼭 조이는 옷은 삼가는 것이 좋다.

나가노라면, 많은 생각이 필요치 않음을 알게 된다. 중요한 것은 선물로 주어지고 있는 무한한 사랑을 받아들이고 간직하는 것이나, 그것은 우리를 압도할 우려가 있어, 우리는 하늘의 비열한 놈에게서 도망치듯 거기에서 도망친다.

어쩌면 그리스도인의 명상에 있어서 기본은 사랑받는 기술이라고 말할 수 있겠다. 만약 "사랑의 기술"에 대해 책을 쓴 이가 있다면, 아마 그는 사랑받는 기술에 대해서도 책을 쓸 수 있을 것이다. 그것은 사람들에게 인간적인 사랑이든 하느님의 사랑이든 사랑을 향해 마음을 열라고 가르칠 것이다. 또 그 길에 어떠한 장애물도 두지 말라고 가르칠 것이다. 아가에서는 사랑하는 이에게 문을 열라고 말한다. 예수께서도 이렇게 말씀하신다. "보라, 내가 문 앞에 서서 두드리고 있다. 누구든지 내 목소리를 듣고 문을 열면 …"(묵시 3,20). 우리가 명상을 하고자 한다면 반드시 문을 열어놓고 조용히 앉아 있는 기술을 익힐 필요가 있다.

이제 우리는 명상중에 받은 하느님의 사랑이 만사를 더욱 좋게 만든다는 사실을 기억해야겠다. 하느님의 사랑은 — 바울로의 말을 빌리자면 — 우리를 순화하고 속죄하며 의화하고 성화한다. 『무지의 구름』의 저자와 같은 신비가들은 관상이 우리를 아름답게 만든다고 말한다. 이는 하느님이 보시기에 그러할 뿐 아니라, 이러한 종류의 아름다움을 알아볼 수 있는 눈을 가진 사람들에게도 그렇게 비친다. 그리고 바울로는 형제들을 "성도들"이라고 부른다.

나는 그리스도인의 믿음에 관해 언급했다. 그렇다면 불교의 명상에 있어서 믿음의 역할은 과연 무엇인가? 禪에 있어서 믿음의 역할은 무엇인가?

의심의 여지 없이 독자들은 禪에는 믿음이 없고 불교에도 거의 믿음이 없다고 생각할 것이다. 禪을 주제로 씌어진 유명한 작품을 읽어봐도 이런 인상을 준다. 믿음보다는 인간의 잠재력을 더욱 강조하는데 ― 왜냐하면 이것이 서양에서 찾고 있는 것이기 때문이다. 게다가 인간의 잠재력은 믿음보다도 더 나은 값으로 팔린다.

하지만 실제로 불교는 믿음에 기초한다. 특히 그리스도교 시대가 시작될 무렵 인도 북부에서 일어나 급속도로 아시아 전역에 퍼진 정토불교(淨土佛敎)가 그러한데 ― 정토불교는 믿음의 종교, 순수한 믿음의 종교이다. 아미타 부처는 믿음으로 그의 이름을 부르는 이를 모두 구해주겠노라고 맹세했다고 한다. 다시 말해 아미타에 대한 믿음을 가지고 이름을 계속 읊는 ― 계속 이 이름을 부르는 것을 염불(念佛)이라고 일컬음 ― 사람은 마침내 나쁜 업보(業報)에서 해방되고 정토에서 다시 태어난다고 한다. 따라서 이를 믿는 불교도들 사이에 아미타가 맹세한 효력과 그의 자비에 의탁하면서, 신뢰심을 가지고 단순히 그의 이름만을 열심히 읊는 명상법이 존재한다. 이는 그리스도교의 "예수 기도"와 너무나 흡사하므로 여기서 더 부연할 필요는 없겠다.

禪에서도 스승들은 큰 믿음을 끊임없이 권유한다. 이 믿음은 절에서 부처님을 따르는 사람들에게 항상 암송되는 삼귀의(三歸依) 속에 요약되어 있다.

> 나는 부처님[佛]께 귀의합니다.
> 나는 다르마[法]에 귀의합니다.
> 나는 상가[僧]에 귀의합니다.

다르마는 진리를, 상가는 승가(僧家), 즉 공동체를 뜻한다.[15] 이 삼귀의를 그리스도인의 신앙생활에 대비시켜 볼 수 있다.

---

15. 三歸依는 부처가 그의 제자가 되려고 오는 사람에게 말하도록 한 것인데, 그 내용은 불교도가 존경하고 공양해야 할 三寶, 즉 佛·法·僧에 귀의하는 것이다. 나아가 불교의 핵심으로 알려진 「반야심경」에서 부처는 오직 "의지할 것은 오직 般若波羅蜜多뿐"이라고 말하고 있음도 새겨들을 필요가 있다.

나는 예수님께 귀의합니다.
나는 성서에 귀의합니다.
나는 교회에 귀의합니다.

이 세 가지 기본적인 신앙 요소가 없다면, 진정한 종교적 명상은 불가능하다고 생각한다.

나의 독자들은 거룩한 책, 불경과 성서를 크게 강조하고 있음을 주시할 것이다. 진심으로 명상하고픈 그리스도인과 불교도들은 반드시 각자의 경전을 애정과 열의를 가지고 꾸준히 되풀이 읽어야 할 것이다. 공동체 역시 중요하다. 이 공동체는 실제로는 소그룹일 수 있지만 — 심지어 남편과 아내로 이루어질 수 있지만 — 교회라는 더 거대한 그룹의 일부임을 명심해야 한다. 그렇지 않을 때, 명상은 한낱 환영의 구름 속에서 헤매는 것이 되기 십상이다.

물론 불교에서 믿음에 대해 말하는 방식이 종종 경험 없는 사람을 당혹하게 한다. 예를 들어 스즈끼 박사는 이렇게 적는다. "나는 그것이 필요함을 알고 있다. 無 안에서 믿는다는 것은 절대적으로 필요하다. 즉 우리는 형태도 색깔도 없는 어떤 것 — 모든 형태나 색깔이 나타나기 이전에 존재하는 어떤 것을 믿어야 한다."[16]

無 안에서 믿어야 할 필요가 있다는 말 — 그의 책 다음 페이지에서 이 말 뜻이 분명하게 드러남 — 은 無를 끌어안으라는 뜻이지 하느님을 상상하거나 생각하라는 말이 아니다. 그러면서도 형태가 없는 것에 믿음을 둘 필요가 있다. 스즈끼는 여기서 십자가의 요한의 꾸밈없이 순수한 믿음과 아주 유사한 것을 제시하고 있다. 하지만 나는 여기까지 들어가지 못한다. 그 이유는 불교의 논점인 無가 우리를 너무나 먼 곳에 둘지도 모르기 때문이다.

---

16. **Suzuki, 112.**

*

불교도의 믿음과 그리스도인의 믿음은 부처가 예수와 다르듯, 불경과 복음서가 다르듯, 분명 다르다. 그렇다 해도 공통점이 있다. 그럼 공통분모는 무엇인가?

나는 그것이 만사가 잘될 것이라는 내적 확신이라고 생각한다. 열심한 불교도라면 하느님께서 세상을 사랑하시기 때문에 만사가 잘될 것이라고 말하지는 않을 것이다. 하지만 그들도 내적 평안이 만사가 잘될 것이라는 확신에 뿌리를 두고 있다고 주장하는데 — 내적 평안인즉 고통과 지진과 홍수와 기근과 전쟁 그 한복판에 있다. 매사가 잘못되어 가는 것처럼 보이나 실은 잘되어 가고 있다. "만사가 잘될 것이다. 만사가 잘될 것이다. 모든 것이 잘될 것이다" 하며 줄리앙(Julian of Norwich)은 외쳤다. 그리고 엘리엇(T. S. Eliot)의 「4개의 4중주」(*Four Quartets*)에서도 줄리앙의 말이 반복된다. 이 말은 그리스도인 명상과 불교도의 명상에서 똑같이 일정한 리듬으로 되풀이된다.

따라서 나는 명상을 하는 그리스도인들에게 권한다. 만사가 잘될 것이라는 끊임없는 확신과 나는 하느님의 사랑을 받는 존재라는 끊임없는 확신으로 좌선에 임하라. 순수하고 가식 없는 고요한 믿음으로 정진하라, 그리하면 걱정에서 해방되리라.

V

산상설교를 읽을 때 우리는 예수의 말뜻을 생각하기보다, 예수께서 우리에게 말씀하신 것을 행해야 한다. 그분의 충고에 따르자! 그분의 말씀을 기억할 것이다. "하늘의 새들을 눈여겨보시오. …"(마태 6,26), 그리고 "들의 백합꽃들이 어떻게 자라는지 관찰해 보시오.

…"(마태 6.28). 자, 이 말씀을 그대로 받아들이자. 풀을 보라. 꽃들을 보라. 새들을 보라. 차분히 눈여겨보라. 실제로 아무것도 보지 못하는 사람들이 많다. 사물을 보면서도, 그들은 다른 것을 생각하고 있다. 그 결과 그들은 실제로 거기에 있는 아름다움 — 이를테면 자연의 아름다움과 인간의 아름다움 — 을 보지 못한다.

이제 禪은 "바르게 보고" "바르게 듣고" "바르게 앉으라"고 말한다. 이 말은 우리도 온전하게 바라볼 수 있고 들을 수 있고 앉을 수 있다는 뜻이다. 이를 "순수한 바라봄"이라고 부를 수 있겠다. 또 禪은 바르게 들으라고 말하거니와 — 강물이 흐르는 소리, 낙수소리, 빗소리 등을 바르게 들으라. 듣는 것 외에 다른 일을 하지 말라.[17] 이렇게 할 때 대상과 하나가 된다. 그것과 일체를 이룬다. 이때 소아적(小我的)인 삶을 버리고 참 자기를 발견할 것이다.

나는 때때로 학생들과 이런 명상을 해 본다. 연기로 자욱한 도쿄는 세상에서 새를 보기에 좋은 장소가 아니요. 꽃들의 아름다움을 음미할 최적의 장소도 아니다. 그래도 소피아 대학 안에는 작은 정원이 있다. 우리는 조용히 거기로 가서 그저 각자 돌이나 꽃이나 다른 자연의 대상을 골라 — 그것을 바라보고, 만져보고, 냄새를 맡고, 그것이 된다. "하늘의 새들을 눈여겨보시오. …"(마태 6.26). 여기서 사용된 그리스어 "엠블레포"라는 말은 슬쩍 혹은 무심코 보라는 뜻이 아니다. 찬찬히 눈여겨보라는 뜻이고, 꿰뚫어보듯 보라는 뜻이고, 사물의 핵심을 보라는 뜻이다. 이 말을 들으니, 선승들이 제자들에게 공안을 볼 때 몸과 마음으로 보고, 그것과 맞붙어 싸우고, 그것과 하나가 되라고 하신 말씀이 떠오른다. 이러한 방법으로 내면의 눈이 열려서 견성[18]에 이르는 것이다.

---

17. 이를 禪에서는 "볼 때는 온몸이 눈이 되어 보고, 들을 때는 온몸이 귀가 되어 들어야 한다"고 표현하기도 한다.

18. 見性(본연의 천성을 보는 일)은 참선의 최종적인 목표라고 할 수 있다. "견성"이라는 말은 "成佛"과 함께 쓰여 "견성성불", 즉 "깨달음"과 같은 말로 쓰인다.

관음보살은 모든 소리를 바르게 들음으로 말미암아 깨달음을 얻었다고 한다. 관음(觀音)이라는 이름은 본래 관세음(觀世音)인데, 문자 그대로 해석하면 "세상의 소리를 듣는 이"란 뜻이다. 그렇게 관음보살은 바르게 들음으로써 실재와 그리고 실재의 소리와 전적인 하나를 이루었다. 여기에 엄청난 통찰과 관조가 있다! 한 가지 더 놀랄 만한 이름 해석이 전해 온다. "세상의 소리를 듣는 이"말고, "세상의 부르짖음을 듣는 이"라는 해석이 있다. 다시 말해 관음보살은 가난하고 병들고 죽어가는 이들의 부르짖음을 듣는다. 그는 이러한 부르짖음을 자기 존재의 가장 깊은 곳에 두고 그것들과 하나가 된다. 이것이 자비다. 그리고 이것이 깨달음이다. 만약 우리가 가난한 이들의 부르짖음을 듣는 관음보살을 닮을 수 있다면, 이 시대에 얼마나 가까이서 우리는 하늘나라를 경험할 것인가!

다시 산상설교로 돌아가자. 예수께서는 들판의 백합꽃들이 어떻게 자라는지 관찰해 보라고 말씀하시며, 우리 각자의 소중함과 가치에 대해 언급하신다. "여러분은 그것들보다 더 귀하지 않습니까?"(마태 6.26). 이제 백합꽃들과 새들과 우리 자신을 비교해 보면서, 추론적인 방식으로 이 말씀들을 짚어가 보자. 진화의 척도에서 우리는 한 단계 위에 있다고 말할 수 있다. 그렇기 때문에 더욱더 소중한 존재들이다. 그리고 우리를 위한 하느님의 위대한 사랑과 배려를 생각할 수 있을 때, 비로소 우리는 인간으로서의 품위를 의식하게 된다. 이것이 주제에 추론적으로 접근해 가는 방식이다.

그렇다면 똑같은 주제를 가지고 관상적인 방법으로 접근할 수는 없을까? 그렇게 할 때, 우리는 백합꽃을 관상함으로써 자신이 백합꽃이 되는 것을 느낀다. 이때 우리는 자신의 참 가치를 깨닫는다. 새들을 눈여겨볼 때 우리는 새가 되고, 우리의 참 가치를 깨닫는다. 禪으로 화제를 바꾸자. 낙수소리를 들으면서 나는 한 줄기 깨달음을 얻을 수 있다. 낙수소리의 운치에 대해서 깨닫는다는 말이 아니라 헷갈림 없이 듣고 있는 자신에 대해서 깨닫는다는 말이다. 보는 것만큼 듣는 일도 견성의 한 방법이다. 예수의 가르침 역시 백합꽃을 봄으로써 백합꽃이 되고, 이로써 참 자기를 깨달으라는 말씀 — 곧, 내가 아버지로부터 사랑받는 존재이며 참으로 소중한 존재임을 깨달으라는 것이다.

VI

이제까지 말한 것은 모두 한 방향으로 통한다. 즉, 관상기도를 향해서다. 모든 방식이 여기에 집중된다. 여기서 잠시 이 후기 첫머리에 "기도의 최고 스승이 내면의 스승"이라고 언급했던 내용을 다시 상기해 보고 싶다. 이 말은 특히 관상기도에 적용된다. 관상기도는 인간 혼자서 익힐 수 있는 것이 아니다. 그것은 부르심이요, 성소요, 사랑의 향연에서 특별석에 올라가 앉으라는 초대이다.

　관상기도의 첫 단계를 현존 의식으로 특징짓는데 — 하느님께서 가까이 계심을 감지하고 그분의 사랑을 느끼며, 우리가 "그분 안에서 살고 움직이며 존재한다"(사도 17,28)는 사실을 알아차리는 것이다. 『무지의 구름』의 저자는 맹목적인 사랑의 설레임이 마음 속에서 일어나, 모든 생각과 상상과 추론을 초월해 무지의 구름 속으로 빨려 들어간다고 말한다. 그렇게 맹목적인 사랑의 설레임 — 십자가의 요한은 이를 사랑의 산 불꽃이라고 부름 — 에 사로잡힌 자는 연인들의 침묵과도 같이 직관적인 친밀감으로 하나가 되었기 때문에 말이 필요없다. 이 사랑의 설레임이 우리를 인도하고 우리를 깨닫게 하며 일상에서 우리가 무엇을 해야 하는지 무엇을 하지 말아야 할지를 말해주는 지혜를 낳는다. 사랑의 안내를 따르게 되면, 구체적인 상황 속에서 무엇을 해야 할지를 직관적으로 깨닫는다.

　맹목적인 사랑의 설레임이 마음 속에서 일어나면 아주 자유로운 마음으로 이를 따르게 된다. 혹자는 추론적인 지성의 추리력과 사고력을 망각하듯 똑같이 호흡과 의식 훈련을 망각하게 될지도 모른다. 이러한 모든 일이 망각의 구름 저편에 묻히게 된다. 이제 완전한 자유와 더불어 내면의 빛이 보인다. 이 단계를 십자가의 성 요한은 이렇게 적고 있다.

> 여기에 더 이상 어떤 길도 없다.
> 올바른 자에게 길은 없다.
> 그가 곧 자신의 법이다.

여기에 길은 없다! 수단과 방법에 매달리면 덫에 걸리기 쉽다. 때가 이르면, 문을 두드리는 스승의 목소리를 듣게 되면, 모든 방법들을 뒤로 하고 오실 그분께 문을 열어드려야 한다. 그러면 그분은 우리와 함께 저녁을 드시고, 우리는 그분과 함께 머물게 된다.

맹목적인 사랑의 설레임은 찬미 행위나 감사 행위나 청원기도나 신뢰나 사랑 등을 통해서 강렬해진다. 하지만 어떤 때는 완전히 침묵하고 말없이 존재한다. 사랑의 밀담 — 옛 작가들이 말한 "하느님과 친교" — 을 나누는가 하면, 한 마디 말 없이 고요히 인류의 구원을 위하여 성부께 나를 바치면서 "자기를 벗고 그리스도로 옷을 입는다".

사랑이 깃든 관상 혹은 사랑의 앎을 체험한다는 말에는 禪과 똑같지는 않지만 공통점이 많다. 나는 그리스도교의 관상과 禪이 "같은 것"이라고 생각하지 않는다. 그리고 대부분의 선승 — 믿을 만한 선승이라면 — 들도 내 말에 동의할 것이다. 한 예로 禪에서는 결코 사랑을 말하지 않는다. 어떤 그리스도교 작가들은 말하기를, 禪은 사랑에 대해서는 언급조차 하지 않지만 禪은 사랑으로 충만하고 단지 다른 용어로 쓴다고 했다. 맞는 말이다. 한때는 나도 이런 식으로 생각했다. 하지만 내가 이 이론을 내세우자 기꺼이 동조해 주는 진정한 禪 수행자는 한 사람도 없었다. 그들에게 있어 하느님에 대한 사랑의 감정, 심지어 나의 가장 깊은 곳에 자리하시는 하느님과 가장 진실된 자기와의 관계는 일종의 착각이나 환영일 따름이다. 나는 이것을 선사와 이야기하는 가운데 알게 되었는데, 이에 관해서는 이 책 제1장에 기록해 두었다.

사실 그리스도인의 관상생활이 깊어감에 따라, 현존 의식이 부재 의식으로 되고, 빛이 어둠이 되며, 사랑의 감정이 시들고 메말라 간다지만 — 그러나 이것은 다만 절정으로 향해 가고 있다는 증거다. 그때 혹자는 이렇게 부르짖는다. "나의 하느님, 나의 하느님, 어찌하여 나를 버리셨습니까?"(마태 27,46). 여기서 그는 空과 어둠과 無와 虛 안에 있다. 여기에 동양 신비주의의 말이 적용한다. 하지만 여전히 하느님께 대한 확신, 즉 겉보기에는 부재하신 듯하지만, 하느님께서 반드시 현존해야 한다는 깊은 확신이 남아 있다. 여기서 맹목적인 사랑의 설레임은 참으로 더욱 맹목적이 되고 더욱 깜깜해진다. 그러나 사랑은 여전히 거기에 있다. 그리고 환희와 찬미와 감사의 외침을 끝으로 시편 말씀이 등장한다.

> 당신의 이름을 겨레에게 알리고
> 예배 모임 한가운데에서 당신을 찬양하리니(시편 22,22)

이 말은 사막을 건너 다시 한번 하느님의 현존을 깊이 체험한 이의 고백이다.

내가 생각하는 禪과 그리스도교 관상의 가장 큰 차이점인즉, 禪에서는 하느님을 향한 생각과 감정과 사랑의 열망을 환영과 착각으로 간주하고, 나는 이러한 느낌을 짜장 실체에 대한 불완전하고 부적절한 표현이면서도, 한편 참답고 타당하며 소중한 종교 체험이라고 생각한다.

여기에 요점이 있다. 그리스도교 관상에서는 하느님에 대해 감정과 생각을 가지는 것은 부당하다고 말한다. 한편 선불교에서는 그런 것들이 한낱 환상일 따름이라고 말한다. 그리스도교 관상에서는 생각과 감정을 초월해야 한다고 말한다. 하지만 선불교에서는 그것들을 인정조차 하지 않는다. 내가 진실되이 "순수한 *禪*" 혹은 "불교의 *禪*"을 수행하기가 불가능하다는 것을 알게 된 까닭은 이런 미묘하고도 중요한 차이 때문이다. *禪*을 통해 나는 많은 것들을 배울 수 있었고, 앞으로도 계속 배워야 할 것이다. 그렇지만 *禪*이 내가 느끼는 그리스도교의 관상과 같지 않다는 것은 확실하다.[19]

『무지의 구름』의 저자는 미묘한 차이를 이렇게 조심스럽게 언급한다. "제발 오류에 빠지지 말도록 조심하십시오. 진리에 더 가까이 다가가는 사람일수록, 착오를 일으키고 있지나 않을까 더욱 세심히 주의해야 합니다."[20] 나는 이 말을 *禪*과 그리스도교의 관상에 적용하련다. 차이점이 너무나 섬세하고 미묘해서 행여 착오를 일으키지나 않을지 더 신경써야 한다.

VII

산상설교에서 예수께서는 준엄한 경고를 내리신다. "여러분은 사람들에게 보이려고 그들 앞에서 의로움을 행하지 않도록 조심하시오. …"(마태 6,1). 물론 그분은 사람들에게 칭찬받으려고 회당이나 골목에서 자선을 행하는 위선자들에 대해 말씀하고 계시다. "진실히 여러분에게 이르거니와, 그들은 이미 자기들의 보수를 받았습니다"(마태 6,5).

---

19. 십자가의 성 요한은 이렇게 주장한다. 하느님에 대한 생각은 하느님이 아니다. 하느님에 대해 느끼는 감정은 하느님이 아니다. 하느님에 대한 이미지는 하느님이 아니다. 이 모든 것은 불완전한 것들이며 반드시 초월해야 한다. 하지만 그것이 불완전하다는 말은 결코 그것이 거짓이거나 환영이라는 말은 아니다.

20. *The Cloud of Unknowing*, William Johnson, ed. (New York: Doubleday 1973).

인정받고 칭찬받으려는 욕심, 성공에 대한 추구, 성취감 — 이러한 것은 아주 자연스런 인간의 속성이다. 하지만 그것들은 영혼의 측면에서 볼 때 커다란 함정이다. 또한 오늘날 전세계적으로 확산된 명상운동을 에워싸고 있는 유혹이기도 하다. 그렇게 많은 명상운동이 온갖 종류의 성취와 함께 맞물려 있건대 — 인간의 잠재력을 향상시키기 위해, 성공적인 인간관계를 위해, 깨달음을 위해 혹은 계몽을 위해 — 그래서 교회나 골목에서 외쳐대는 유혹도 제법 크다. "나는 깨달음을 얻었다. 나는 성공했다. 여기에 내 자격증이 있다." 이에 대해 예수께서는 이렇게 말씀하신다. "진실히 여러분에게 이르거니와, 여러분은 이미 자기들의 보수를 받았습니다." 결국 우리는 사람들로부터 답례를 받은 셈인데 — 그래도 하느님께서 보상해 주시기를 바라는가?

한편 순수한 지향이야말로 「바가바드 기타」 시대 이래 줄곧 아시아 영성에서 역점을 두고 있는 덕목이다. 「기타」의 요점 가운데 하나 — 간디의 마음을 사로잡았던 점 — 는, 우리가 우리 수고의 결과를 기대하지 말고 일해야 한다는 점이다. 바꿔 말해, 성공이나 실패에 신경쓰지 말고 올바른 행동에만 몰두해야 한다는 것이다. 그리고 이 초연한 태도는 보수를 구하지 않기 때문에 우리에게 기쁨과 자유를 준다. 행동에 대해서 말하는 대목이 똑같이 또는 더 명상에도 적용된다. 어떤 것을 얻으려고 애쓰지 말라. 대가를 받으려고 애쓰지 말라. 더구나 인정받으려고 하지 말라. 완벽한 행동에 전념하는 것, 그 자체에 보상이 있다. 요컨대 온전한 자유 안에서 완벽한 행동을 하는 것이 궁극의 목표이다.

같은 목표가 궁도와 검도와 유도 같은 전통적인 중-일 무예에 있다. 우리 현대인은 그 목표가 과녁을 맞추는 것과 혹은 적을 무찌르는 것이라고 자연스럽게 생각한다. 하지만 그렇지 않다. 목표가 완벽한 행동이요, 온전한 자유요, 자기의 상실이다. 화살은 과녁을 향해 곧바로 갈 것이나 그것이 사수의 목표는 아니다. 참된 禪도 마찬가지로 결코 결과를 바라지 않는다. 초기 수도원의 훈계에 의하면, 어느 누구도 보지 못하게 혹은 알아차리지 못하게 선한 일을 하라고 당부한다. 이 말은 "당신이 자선을 베풀 때에는 당신의 오른손이 무엇을 하는지 당신의 왼손이 모르게 하시오"(마태 6,3)를 생각나게 한다.

내가 이미 지적한 대로 그리스도교 스승들 역시 지향의 순수성을 가장 중요한 것으로 강조한다. 그 이유는 그리스도교의 명상이 궁극적으로 사랑의 표현이기 때문이며, 가장 지고한 형식이라는 점에서 그리스도교의 명상은 순수한 사랑이요, 사심없는 사랑이기 때문이다. 내가 어떤 것을 얻거나 이득이 있기 때문에 사랑한다면 그것은 불완전하다. 『무지의 구름』의 저자는 그의 책에서 진정 남편을 사랑하기보다 그의 수입 때문에 남편을 사랑한 순결치 못한 여성에 관해 이야기한다. 이와 마찬가지로 우리가 인간적 잠재력이나 내적 위로를 얻을 목적으로 하느님을 사랑한다면, 우리의 사랑은 순수하지 못하다.

완전한 사랑은 완벽한 행동처럼 자체에 보상이 있고 그 자체를 위한 것이다. 그런 까닭에 사랑의 찬미가인 클레르보의 베르나르도는 이렇게 외칠 수 있었다. "나는 내가 사랑하기 때문에 사랑합니다. 나는 사랑을 위해서 사랑합니다. …" 이 사랑은 "사랑하는 일이 내게 유익하다는 것을 알기 때문에 사랑합니다!"는 말과 얼마나 다른가. 사실 사랑에는 이유가 없다. 사랑은 어떠한 것도 구하지 않는다. 그렇기 때문에 지향의 순수성이야말로 그리스도인의 기도에 중심이 되어야 하고, 자기의 온 마음과 온 힘을 기울여 하느님을 사랑하고 자기의 이웃을 자기 자신처럼 사랑하라는 계명이 만들어진 것이다.